법과 성서와 역사 연구소
연구서 시리즈

은혜의 미학

구청광 지음

화산미디어

저자의 서문

어릴 때부터 문학 서적 읽기를 좋아하여 언젠가 나도 작가가 되어 보고 싶었는데 삶의 경험을 많이 한 노년이 되면 그때 글을 쓰리라 생각하였다.

생각했던 대로 43년의 목회생활을 마치고 노년에 글을 쓰기 시작하여 다음 카페나 네이버 블로그에 글을 올려서 많은 분들이 볼 수 있도록 하였다.

그러나 책을 낸다는 것은 거의 생각지 못했다. 그런데 어느 날 선후배 목사님 중에 몇 분들이 인터넷에 올린 글을 읽고 책을 내었으면 좋겠다는 말을 하여 고마웠지만 요즘은 컴퓨터 시대가 되어 책을 읽지 않을 것 같기에 주저하였다.

그런데 내가 쓴 수필을 몇 곳에 보냈더니 창조문학과 기독교문예에서 당선되었다는 소식과 함께 수필로 등단하게 되었다.

그런데 마침 대한민국학술원 회원이시고 연세대학교 명예교수이신 김상용 장로님께서 보잘 것 없는 글을 "법과 성서와 역사 연구소"의 시리즈의 한 권으로 출판하시고 싶어하심을 듣고 너무나 감사한 마음에 하나님의 뜻이 계심을 믿고 출판을 결심하게 되었다.

약 70편의 은혜로 살아온 삶의 단편들을 읽으시고 조금이라도 유익이 된다면 더 없이 기쁘고 감사하겠습니다. 샬롬

차 례

은혜의 미학

나의 중생체험 간증

나는 기독교 신자 가정에서 태어난 태중교인이었다. 어릴 때부터 주일학교에 다녔고 청소년 시절까지 습관적인 신자로서 부모님이 믿기 때문에 따라서 교회를 다녔다.

그러나 십육칠세가 되자 신앙생활에 대한 회의를 가지기 시작했다. 왜 교회에 다녀야 하나? 부모님이 기독교라고 나도 꼭 기독교인이 되어야 할 것인가?라는 것이었다.

어느 날 나는 친구 집 서재에서 "싯달다"라는 두툼한 책을 발견하고 그것이 불교서적인 것을 알았다. 나는 그 책을 빌려다가 읽기 시작했다. 만일 그 책을 읽고 그것이 옳다고 생각되면 불교를 선택할 마음이었다. 그런데 너무나 흥미롭게 밤을 세우다시피하며 그 책을 다 읽은 나의 마음에 강한 의문이 생겨났다. 인간의 허무와 참된 삶의 의미를 찾으려는 피눈물 나는 싯달다의 고뇌를 생각하면서 결국 싯달다가 깨달은 것이 진리가 아니라 인간의 생노병사 그리고 108가지 번뇌를 잊버리는 것 … 그리고 그 잊어버리려는 생각까지 잊어버림으로써 부처가 되는 것이 해탈이라고 했다. 당시 어린 마음에 그것은 진리가 아니라고 생각되었다.

싯달다의 진리를 구하려는 간절한 모습은 너무나 존경스러웠지만 그것은 심오한 철학을 발견했는지 몰라도 참진리는 아니라고 생각되었다. 내가 지금까지 믿어온 기독교가 참 진리라는 생각이 처음으로 내 마음에 깨달게 된 것이었다. 어린 마음이었지만 싯달다가 찾고 추구하는 문제에 대한 답이 성경에 다 있다는 생각이 들었다. 참으로 신기한 일이었다. 그날 이후 나는 성경에 관심을 가지게 되었고 기도하기 시작하였다.

그리고 마침 그 해 봄에 있었던 부흥집회에서 중생이라는 놀라운 영적인 체험을 가지게 된 것이다. 당시 소록도에서 평생 한센스병 환자를 위하여 일하신 김두영 목사님이 강사이셨다.

중생의 체험을 통하여 지금까지 착하다고만 생각했던 내가 흉악한 죄인인 것을 발견하였고 어디서 그런 눈물이 나오는지 며칠 동안 계속 울면서 회개하게 되었다.

그 눈물은 길을 잃은 어린아이가 어머니를 찾아서 한없이 기뻐하며 그 품에 안기어 흘리는 기쁨의 눈물이었다. 드디어 복음진리가 깨달아지며 예수님의 흘리신 보혈로 속죄함을 받았다는 확신을 얻게 되었다. 말할 수 없는 하늘의 기쁨이 나의 마음속에 물밀 듯 밀려왔다.

그 기쁨은 지금까지 내가 전혀 가지지 못했던 놀라운 것이었다.

나는 그때 거듭난 자가 되었다는 확신이 왔다

나는 그때부터 나의 양심이 새로워진 것을 알게 되었다.

어느 날 우리 집 쪽으로 뻗은 옆집 감나무에서 떨어진 감 한 개도 주어서 넘겨주어야 했다.

오래 전 친구에게서 빌려온 후 돌려주지 않는 책도 즉시 돌려주게 된 것이다. 뿐만 아니라 나도 모르게 입술에서 “하나님 감사합니다.”라는 말과 함께 “주 예수 내 맘에 들어와 계신 후 변하여 새 사람되고, 머리털보다도 더 많던 내 죄가 눈보다 더 희어졌네." 찬송이 술술 입에서 터져 나왔다.

온 세상이 새롭게 보였고 산도, 들도 나무도 모두가 하나님을 찬송하는 듯이 보였다.

어떤 때는 방안에서 혼자 울다가, 찬송하다 하는 것을 보고 당시 집사님이셨던 부모님께서 염려가 되어서인지 가끔 나를 관찰하시느라 문틈으로 가만히 들여다보시기까지 하였다.

그리고 이상한 것은 모든 사람이 다 사랑스러워 보이기 시작한 것이다.

나는 그때 추한 모습의 한센스병 환자도 껴안을 수 있다는 뜨거운 사랑의 마음이 생겨났다.

지금까지 심상하게 생각했던 성경구절들이 가슴깊이 와 닿으며 "나의 기쁨을 너희에게 주노라 .내가 주는 기쁨은 세상이 주는 것 같지 아니하니라." 하신 예수님의 말씀도 깨달아졌고 내 마음속에 샘솟듯 하는 기쁨이 몰려왔다. 지금까지 교회에서 3절 이상 있는 찬송가가 너무 길다고 못마땅했던 내가 5절까지 있는 찬송도 즐겁기만 하였고 몇 번씩 반복해서 불러도 지루하지 않았다.

중생 이후 나는 몹시 기도하고 싶은 마음이 불일 듯 일어나서 밤마다 남몰래 교회당에 나아가 무릎꿇어 한두 시간씩 기도를 하였다. 그 시간이 내게는 가장 은혜로운 시간이었고 즐거운 시간이었다. 그것은 하나님이 바로 내 앞에서 내 기도를 들으신다는 확신과 기쁨이 있었기 때문이다.

처음에는 10분, 20분 그리고 한시간, 두시간 … 주님과의 교통이 즐겁기만 하였다.

그러던 어느 날 밤 캄캄한 교회당에서 무릎꿇고 기도하던 중 하늘에서 한 줄기 아름다운 빛이 교회당 지붕을 뚫고 나의 등에 비춰왔다. 그 순간 갑자기 마음이 뜨거워졌다.

그리고 그 빛이 비추는 순간에 어떤 신비한 힘이 내 속에 가득히 채워지는 것 같은 이상한 체험을 가지게 되었다. 그 순간 내 입술에서 또다시 찬송이 흘러나왔다. 그 이후 그 빛은 점점 더 크게 비추어 기도할 때마다 온 몸 전체를 비추었다.

"내 기도하는 한 시간 그 때가 가장 즐겁다." 찬송가가 더없이 절실하게 느껴졌다.

하나님은 분명히 내 마음속에 오셨으며 나는 어느 곳에 있든지 하나님의 임재하심을 체험하게 되었다. 그 이후 오늘까지 나는 주님과 동행하는 삶을 살고 있다.

참 좋으신 주님을 만백성에게 알리고 싶다.

예수께서 대답하여 가라사대 진실로 진실로 네게 이르노니 사람이 거듭나지 아니하면 하나님 나라를 볼 수 없느니라.*(요한3장; 3절 말씀)

초등학생의 기도

어린 시절 내가 다니던 고향 시골 초등학교 학생수가 700명이 넘었다. 1학년만 해도 육칠십 명으로 된 두 반이었으니 120명 정도 되고 6학년까지 곱하면 720명이 되는 것이 분명했다. 그러나 지금은 그때 다니던 학교가 학생들이 없어서 폐교가 되고 말았다.

나는 어린 시절 위장이 약해서 소화가 잘 안 되어서인지 키만 크고 몹시 여윈 모습에 별명이 키다리였다. 뿐만 아니라 무슨 일 때문인지 두통이 심해서 공부를 제대로 할 수 없었다.

병원을 찾아가 진단을 했는데 원인은 영양실조라고 했다. 형제들이 모두 똑같이 자랐는데 왜 나만 영양실조였을까? 지금 와서 생각해보니 위하수증이 있어서 늘 소화가 잘 안 되고 힘들었던 것 같다.

그래서인지 나는 시험 때도 제대로 공부하기 어려워서 성적이 별로였다. 한 번도 우등상을 받지 못하고 우등상 바로 다음 등수였다.

우등상이 7등이면 나는 8등이나 9등으로 늘 아쉬운 마음이 들었다

주일학교에 다녔던 나는 6학년이 되었을 때 하나님께 간절히 기도드렸다.

"하나님 저도 우등상 한 번 받게 해 주세요. 하나님 머리 아프지 않게 해 주셔서 저도 공부 잘 하게 해 주세요… 자주 그렇게 기도를 드렸다. 그런데 기도 응답이 왔다. 6학년 졸업을 할 때 성적표를 받았는데 평균94점으로 석차 1등으로 되어 있어서 나는 한없이 기뻤다.

부모님께 성적표를 보여드렸더니 주일학교 부장으로 일하셨던 아버님이 특별히 좋아하셨다. 그리고 졸업식 날 담임 선생님이 나에게 우리 반 졸업장을 대표로 받으라고 하셨고 아버지께서는 너무 기뻐서인지 앞에 나가셔서 축사를 하셨다.

그날 이후 나는 열등감이 사라지고 나도 할 수 있다는 생각으로 어려울 때마다 평생 용기를 얻었다.

나는 그때 담임이셨던 임재문 선생님이 늘 그리워서 노년이 되었을 때 대구에 사시는 것을 알고 찾아가 뵈었다. 선생님은 그 후 교편생활을 그만두시고 큰 회사의 중역으로 일하시는 분으로 반가워하셨지만 나를 잘 기억하지 못하셨다. 나는 선생님께 식사 대접을 하고 조그만 선물을 택배로 보내드렸다.

하나님은 나를 사랑하시고 함께 하셨음을 감사드립니다.

유년부 부장

나는 17살 때부터 유년부 교사로 일했다.

그리고 군생활 3년 제대 후 대구에서 신학을 공부하고 있을 때도 주일이면 고향교회에 와서 유년부 교사로 일하였다. 당시 유년부는 부장 장로님과 남녀 교사 두 분이셨는데 주일학생은 30~40명을 넘지 못했다.

그때 읍내 인구가 일만 명 정도였는데 주일학교 학생 수가 너무 적다고 생각되었다.

그러던 어느 날 목사님께서 신학을 공부하게 되었으니 주일학교 부장으로 임명하시겠다고 하셨다.

"목사님 저는 이제 겨우 신학을 1년 공부했고 나이도 어린데(25세) 자신이 없습니다. 그냥 총무로 임명해 주십시오."라고 하였더니 총무를 하든지 부장을 하든지 유년부를 전담하라고 말씀하셨다 나는 하나님의 명령이신 줄 알고 그렇게 하겠다고 대답을 했다. 그 순간 마음속에 성령님의 뜨거운 역사가 함께하심을 깨달았다.

다음 주일 교사 두 분과 함께 "유년부 부흥운동을 해야겠습니다."라고 말했지만 교사들의 태도는 냉담했다 오랫동안 침체된 주일학교가 부흥되기는 어렵다고 하였다.

나는 전도하기로 결심하였다. 그리고 미국의 무디 선생의 전도방법을 따르기로 했다.

우선 사탕을 몇 봉지 사서 주머니에 넣고 주일 아침 일찍 교회당에 나갔더니 벌써 5~6명의 아이들이 나와서 교회 마당에 고무줄놀이를 하고 있었다.

나는 교회당에 들어가 간절히 기도한 후 아이들에게 말했다 "얘들아 우리 전도하러 나가자."라고 하며 준비해 온 사탕을 보이며 전도를 하면 알사탕을 주겠다고 했더니 아이들은 와…하고 모여들며 전도하러 가겠다고 따라나섰다.

요즘 같으면 불가능하겠지만 그때는 가난하고 힘든 시대인지라 가능했다.

그날 아침 하나님은 나와 함께 하셨고 동내 골목길을 누비며 전도하기 시작하였는데 20여명의 새로운 아이들을 교회당으로 데려오게 되어 당장 40~50명의 아이들이 예배를 드리게 되었다. 교사들은 너무 놀라서 눈이 휘둥그레졌다. 나는 어린 영혼들을 사랑하는 뜨거운 마음으로 설교를 하였고 아이들은 초롱초롱한 눈빛으로 말씀을 들었다.

교사들도 갑자기 늘어난 아이들을 보고 이게 어찌된 일이냐고 물었다.

예배를 마친 후 교사회가 모이고 아침에 전도한 경위를 설명하였더니 교사들의 눈빛이 달라지면서 모두가 놀람과 동시에 그날부터 안 된다는 고정관념이 깨어졌다.

다음 주일도 그 다음 주일도 계속해서 전도를 하였더니 5개월 만에 유년부는 70여명이 모이게 되었고 당시 교회에는 5명의 초등학교 선생님들이 계셨는데 그 중에 세 분이 유년부 교사를 하겠다고 하여 약 10명의 교사가 확보되었다.

나는 교사들에게 뜨거운 사명감을 고취시키며 "우리 모두 기도하며 열심히 어린 영혼 구원에 힘씁시다."라고 격려하며 노력했더니 그해 말에는 유년부가 90명 정도 모이게 되었다.

나는 다음 해 유년부 부장직을 사임하고 대구로 나가게 되었다.

그리고 하나님이 함께하신 그때 그 일이 평생 나의 목회생활에 큰 용기를 주었다.

나의 기도 생활

나는 처음 중생하고 은혜를 체험한 후 기도하고 싶은 마음이 불같이 일어났다. 물론 어릴 때도 주일학교 다니면서 기도한 일이 생각난다.

매일 1~2시간씩 저녁 시간에 교회당에 가서 기도생활을 하였다.

나의 기도방법은 마치 어린 아이가 부모님에게 말씀 하듯이 하나님 앞에 나의 모든 삶과 계획을 보고드리고 의논드리며 죄를 지은 것은 철저하게 회개했고 그리고 하나님께 감사드리며 간구의 기도도 드렸다.

나는 기도시간이 한없이 즐거웠고 기뻤다. 하나님께서는 내 기도를 항상 들으신다는 확신이 왔고 수많은 응답의 체험을 가지게 하셨다.

기도를 마칠 때에는 "내 기도하는 한 시간 그때가 가장 즐겁다."라고 찬송을 불렀다. 그리고 하나님께 감사와 영광을 돌려드렸다.

공군에 입대할 때도 6 대 1의 경쟁률이 심했지만 우리 동내 친구들 6명이 지원했는데 나는 간절히 하나님께 합격할 수 있기를 기도드렸더니 나 혼자만 합격하고 다른 친구들은 모두 불합격이었다.

나는 평소에 늘 저녁기도를 드렸지만 신학공부를 시작할 때부터 기숙사생활을 하게 되니 철저한 새벽기도 생활이 시작된 것이다.

처음에는 새벽 4시에 일어난다는 것이 매우 힘이 들었지만 점차 새벽 기도 생활이 습관화되면서 할 만하다고 생각되었다.

이전에 어떤 집사님이 간증을 하면서 새벽기도 생활이 너무 좋다는 말을 했을 때 속으로 거짓말이라고 생각되었다. 그러나 나도 나중에는 새벽기도 생활을 통해서 아침형 인생이 되어졌고 건강에도 엄청 좋은 것임을 알게 되었다. 결국 그 집사님의 간증이 사실임을 알게 되었다.

그리고 나는 언제나 기도시간에 하나님께로부터 은혜의 빛이 비춰오는 것 같은 체험을 자주 가진다. 처음 기도생활 하다가 빛이 비춰오는 체험을 한 이후 언제나 기도할 때면 영육간에 치료하는 광신이 내게 비춰오는 것을 체험했다. 그리고 그 빛이 비춰올 때면 신비한 힘이 내게 충전되는 것 같은 느낌이 들면서 새 힘을 얻게 되는 것이다. 그러나 이런 체험은 나의 개인 체험이기에 사람마다 다를 수 있을 것이다.

하나님께 내 모든 것을 보고드리는 기도, 의논드리는 기도, 간구하는 기도, 회개기도, 감사기도, 영광 돌리는 기도, 다른 사람을 위한 기도, 교회와 나라·민족을 위한 기도, 병 낫기를 위한 기도 등 수많은 기도를 드렸다.

어쨌든 나는 기도시간이 한없이 즐겁고 행복하며 주님과 대면하다 보면 오랜 시간을 엎드려 있게 되는 때가 많았다. 인간의 기도를 들으시며 응답하시는 하나님께 언제나 감사를 드립니다.

보이지 않는 손길

19**년 3월 1일 아직도 싸늘한 겨울 기운이 꽃샘추위를 몰고 오는 때에 나는 대전에 있는 공군 기술교육단 훈련소에 들어섰다. 당시 갓 20세가 된 나는 공군 유니폼이 너무나 멋있어 보였고 사병으로서는 제일 좋다는 선배의 말에 솔깃하여 공군에 지원 입대한 것이었다. 병영에 들어간 우리들은 지금까지 입었던 민간복을 모두 벗어버리고 완전 군복으로 갈아입었다. 연병장에는 군데군데 눈 녹은 물이 고여 있었고 살얼음이 얼어 있었다. 우리들은 빤스 바람에 맨발로 그곳에 오들오들 떨며 서 있었다. 그때 내무반장님의 우렁찬 목소리가 들렸다. "이제부터 너희들에게 공군에 들어온 기념으로 신고 빳다를 치겠다." 반장, 반부님은 30미리 정도의 각목으로 세 대씩 내리쳤고 우리들의 입에서는 신음소리가 터져 나왔다.

그때까지 서로 농담도 주고받으며 6 대 1의 경쟁을 뚫고 공군이 되었다는 자부심에 모두가 즐거운 얼굴들이었다. 그러나 소위 계급장을 단 구대장님의 훈시에 이어 우리를 훈련시키실 내무반의 반장, 반부님의 소개를 받은 후부터 우리 모두의 얼굴들은 사색이 되었다. 그것은 군복을 입기 전까지 부드러워 보이던 반장, 반부의 모습이 호랑이보다도 더 무섭게

변했다. 반장님은 "열중쉬어, 차려!"를 수없이 반복시킨 후 동작이 느리고 눈동자가 썩은 동태 눈깔 같다고 반장님은 훈시를 시작했다.

"너희들은 이제부터 사람이 아니다. 나라에 목숨을 바친 군인일 뿐이다. 그리고 너희들의 목숨은 내 손에 달렸다.

이제부터 내가 12주 동안의 훈련을 통하여 너희들을 인간개조하겠다. 지금까지 살아온 썩어빠진 정신을 뿌리 채 뽑아버리고 완전 군인으로 새 사람을 만들어 주겠다. 군대는 오직 절대 복종뿐이다. 내 말에 복종하지 않는 놈은 묵사발을 만들 것이며 그래도 듣지 않는 놈들은 뼉다귀를 오지랍에 싸게 될 것이다. 알겠나?"

우리들은 겁에 질려 숨도 제대로 못 쉬고 "네!" 하고 큰 소리로 대답했다. 이날부터 우리들은 참으로 힘든 훈련에 임하게 되었다.

아직도 영하를 오르내리는 날씨에 밤이면 살얼음이 어는 연병장에서 팬티만 입은 체 "엎드려 뻗혀!"를 수없이 하였고 공군 특유의 '원산폭격', '엘-나인틴', '간사슬로 엎드려 연결하는 한강철교' 등의 기합을 받으면서 강한 훈련에 임하였다.

제식훈련에 이어 총검술, 각개전투, 사격 등도 힘들었지만 대전서 유성온천까지 완전무장 왕복 구보는 수많은 동료들이 중간에 쓰러지기도 하였다. 가장 어려웠던 것 중의 하나는 축구 골대 이쪽에서 저쪽까지 엎드려 기어서 가는 포복 훈련이었다. 어쩌다가 엉덩이를 들거나 무릎으로 기어 갈 때면 각목으로 사정없이 내려쳤고 구둣발로 밟았다. 뒤쳐지는 사람도 때리고 차고 밟기는 마찬가지였다. 이날 나의 팔꿈치는 껍질이 벗어지고 피멍이 들었다. 훈련이 시작된 그날부터 밤마다 취침시간이면 여기저기서 훌쩍거리며 우는 전우들이 많았다. 이럴 줄 알았더라면 6 대 1의 경쟁을 뚫고 공군 입대를 하지 않았을 것을…….

그리고 우리들은 매일 밤이면 수양록(일기장 비슷함)을 의무적으로 쓰게 하였고 다음날 반장님께 제출하여 검열을 받게 하였다. 그러나 나는 날마다 하나님께 감사하는 글을 쓰게 되었다. 어릴 때부터 키만 훌쩍 크고 몸이 허약했던 나에게 너무나 벅찬 훈련이었지만 그러나 한 번도 눈물을 흘리지 않았다. 그것은 나의 마음에 하나님을 믿는 믿음이 있었기 때문이었다. 나는 수양록에 "하나님께서는 나에게 힘든 훈련을 받게 하심으로 좀 더 강한 사람으로 연단하시고 계신다."라고 쓰거나, 빳다를 맞은 날은 "거의 매맞지 않고 자란 나에게 하나님께서는 빳다를 통하여 부모님의 사랑을 깨닫게 하시며 매맞는 자의 고통도 체험하게 하셔서 감사합니다." 라고 기록하였다. 어쨌든 내가 쓰는 수양록의 내용은 거의 신앙적인 글로 가득 채워졌었다. 우리들의 훈련이 6주 정도 되었을 무렵 어느 날이었다.

항상 공포의 대상이었던 내무반장님이 저녁 점호시간에 우리들에게 질문을 시작하신 것이었다. "자네는 가장 슬펐을 때가 언재였나?" 동료들은 저마다 큰 소리로 "부모님과 헤어질 때 였습니다." "애인이 변심했을 때였습니다." "배고플 때였습니다." 등 대답했다.

반장님은 나를 향하여 지휘봉으로 가슴을 쿡 찌르며 "자네는 가장 슬펐을 때가 언제야?" 하고 물었다. 나는 인간이 인간대접을 못 받을 때의 슬픔을 생각하며 엉겁결에 "인격을 무시당했을 때 가장 슬펐습니다."라고 큰 소리로 대답했다. "요놈 봐라. 군대에서 그 따위 소리가 있을 수 있어? 아직 군대 정신이 덜 들어갔구만. 너 내일 아침 내무반장실로 와!" 나는 하늘이 캄캄해지는 느낌이 들었다.

그 동안 내무반장실에 불려간 사람마다 사쿠라꽃이(피멍이 듬) 피어서 나온다는 말이 있었다. "엄청난 기합을 받고 나오는 것을 보았기 때문이다.

동료들은 나를 걱정스런 눈으로 보면서 아무래도 반장님께 돈 봉투를 주어야 될 것이라고 말했다. 그러나 나는 고개를 흔들었다. 내가 무슨 잘못한 일이 없는 한 두려울 것이 없다고 생각했다. 그리고 "하나님의 허락 없이는 참새 한 마리도 땅에 떨어지지 않으며 너희 머리털 하나라도 다 세시느니라."는 말씀이 생각났다. 다음 날 아침식사가 끝나고 훈련이 시작되기 전에 나는 내무반장실의 문을 두드렸다. 그리고 큰 소리로 "*** 후보생, 반장님께 용무 있어 왔습니다." 이때 "들어와!"라는 소리가 들렸다. 나는 문을 열고 들어가서 반장님께 나아가 차려 자세로 거수경례를 하였다. 마침 구두를 닦고 있던 반장님이 뜻밖에 웃으면서 "거기 앉아." 라고 하셨다.

그리고는 지금까지 무섭기만 하였던 모습은 간 곳 없이 부드러운 음성으로 "자네 훈련받느라 힘들지? 군대란 다 그런 거야. 그런데 자네 언제부터 교회 다녔는가?"라고 물으셨다.

나는 너무나 의외의 태도와 질문에 기쁜 마음으로 나의 신앙생활과 은혜를 체험한 일을 이야기하였다. 반장님은 잠시 침묵이 있은 후 "사실 우리 어머님이 독실한 신자이신데 아들인 내가 신앙생활 하지 않는다고 걱정을 하시거든……. 아마 지금도 눈물의 기도를 드리시고 계실거야. 나 이번 주일부터 교회 나가고 싶은데 자네 나 좀 데리고 갔으면 좋겠어."

나는 순간 지금 꿈을 꾸는 것이 아닌가 생각되었다. 그러나 마음에 집히는 것이 있었다.

하나님께서는 나의 수양록을 통하여 반장님의 마음을 감동시키셨고 반장님의 마음에 믿음의 눈을 뜨게 하신 것이었다. "하나님 감사합니다!" 나는 하나님의 보이지 않는 손길이 함께 하심이라고 믿어졌다. 그날 밤 일석점호를 마친 후 반장님은 내무반에서 나에게 찬송을 가르쳐달라고 하셨다. 나는 너무나 기쁘고 감사하여 "내주를 가까이 하려 함은" 외에 몇 장의 찬송을 같이 불렀다. 그날 밤 내무반은 마치 교회로 변한 듯이 느껴졌고 친구들은 취침나팔이 울린 이후라 조용히 누워서 찬송소리를 들었다. 다음 날 친구들은 너무나 놀라운 일에 "야! 이거 어떻게 된 거야? 너 어떻게 반장님과 사귀게 됐지?" 나는 기회를 놓치지 않고 친구들에게도 간단히 경위를 설명하고 그들에게도 복음진리를 증거하게 되었다. 반장님은 약속대로 주일날 아침 예배시간 30분을 앞두고 내무반에 있는 나를 찾아오셨다.

그리고 나와 함께 기지 교회에 나가셨다. 그 다음 주일도 계속 훈련을 마칠 때까지 변함이 없었다. 그 일 이후 나는 반장님의 많은 사랑을 받았다. 고된 훈련이 즐겁기만 하였고 행복한 마음뿐이었다. 사실 그것은 주님께서 보이지 않는 손길로써 나를 사랑하신 것이었다.

"하나님을 사랑하는 자 곧 그 이름을 믿는 자들에게는 모든 것이 합력하여 선을 이루느니라." (롬8;28)

우주에는 주인이 계십니다

땅 한 평 나무 한 그루도 주인이 있는데 이 세상 우주 만물의 주인이 없을 수는 없습니다. 저 하늘의 태양과 아름다운 별들과 지구 그리고 삼라만상이 저절로 있을 수 있겠습니까? 우주만물을 창조하시고 다스리시는 이는 하나님이십니다. 성경 창세기 1장 1절에 태초에 하나님이 천지를 창조하시니라 라고 기록되어 있습니다.

하나님께서 흙으로 인간을 만드시고 이 땅에 살게 하셨습니다.

그러나 인간은 하나님의 법을 어기고 죄를 범함으로써 아름다운 에덴동산에서 쫓겨나게 되었고 저주를 받아 늙고 병들고 죽는 존재가 되었습니다.

죄의 값은 죽음이니까요. 그러나 사랑의 하나님은 인간이 저주받아 죽는 것을 원치 않으시고 하나님의 아들 예수님을 이 세상에 보내셨습니다. 그리고 예수님을 통하여 참된 진리를 우리에게 전하게 하셨습니다 .

“내가 곧 길이요 진리요 생명이니 내게 오는 자는 영생하리라.”고 하십니다. 이 진리를 믿게 하시려고 장님의 눈을 뜨게 하시고 벙어리의 혀가 풀려 말하게도 하시며 죽은 자도 세 사람이나 살리셨습니다.

그 외에도 수많은 기적을 행하신 것이 성경에 세밀하게 기록되어 있습니다.

그리고 그분은 인간의 죄 값을 대신하여 스스로 십자가에 달려 피흘려 죽으셨습니다. 이제는 누구든지 그분을 하나님의 아들이시며 속죄양이 되심을 믿으면 무조건 죄 용서함을 받으며 죽음에 이르지 아니하고 영생을 얻으리라고 하십니다.(성경 요한3;16절)

예수님은 그 증거로 죽으신 지 사흘만에 다시 살아나셨고 40일간 세상에 더 계시다가 제자들과 500여명의 사람들이 보는 앞에서 하늘로 승천하셨습니다.

하나님은 인간이 이 세상 살다가 죽으면 끝이 아니라 반드시 최후의 심판이 있고 천국과 지옥이 있다고 하십니다. 이 글을 읽으시는 분은 누구든지 가까운 교회에 나가셔서 신앙생활을 하심으로써 꼭 천국에 들어가시는 분이 되시기를 바랍니다.(내가 만든 작은 전도지 내용)

나는 국제 바보입니다

공군에 입대한 후 대전 기술교육단에서 있었던 일이다.

어느 날 제식훈련이 끝난 후 내무반장님이 훈련병인 우리 대원에게 물었다.

"너희들 중에 아직 애인이 없는 놈 손들어 봐." 나를 포함하여 70명의 구대원 중에 14명이 손을 들었다. "모두 앞으로 나와." 반장님의 명령에 14명이 반장님 앞으로 나갔다. 반장님은 웃지도 않고 "모두들 손깍지를 끼고 머리 위에 손을 올려." 우리는 그대로 했다. "큰 소리로 나는 국제 바보입니다 라고 외치며 부대원 앞을 돌아." 명령이 떨어지자 우리는 어쩔 수 없이 소리치며 부대원들 앞을 걸었다.

나는 정말 20세가 되도록 애인이 없었다. 사귀지 못했다고 하기보다 사귀지 않았다. 그 이유는 정말 사귀고 싶은 이성을 발견하지 못했고 혹 발견을 했어도 내 손이 닿을 수 없는 위치에 있었다.

그리고 다른 한 가지는 나는 절대로 결혼을 전제로 하지 않는 여자 친구를 사귀지 않기로 했기 때문이다.

나는 그때까지 여자와 데이트는 물론 여자의 손 한 번 잡아 본적이 없었다.

그런데 내가 훈련 이후 김포 11전투비행단 면회실 근무자가 되자 상황이 달라졌다. 면회 온 아가씨들 중에 나를 향해 관심을 보이는 아가씨들이 있게 된 것이다.

어느 여름 날 얼마나 해수욕장을 다녔는지 얼굴이 새까맣게 된 연세대 다닌다는 아가씨 둘이 면회를 왔다가 노골적으로 나를 향해 오빠가 되어 달라고 졸랐다. 둘 다 키가 작고 얼굴은 귀엽지만 전혀 내 마음에 들지 않는 타입이었다.

나는 그냥 웃으며 말했다.

"고맙지만 미안해요. 나는 아직 오빠 노릇할 자신이 없답니다."라고 잘라서 말했다.

그리고 어느 날 숙대 다닌다는 아가씨가 자기 오빠 면회를 왔다가 가면서 나에게 이런저런 이야기를 하면서 자신은 문학을 좋아해서 잡지에 자신이 쓴 글이 많이 게재되어 있다고 하였다. 상냥하고 귀여운 얼굴에 키가 크고 날씬한 아가씨였다.

그리고 집으로 돌아갔는데 일주일 후에 또 찾아왔다. 그리고 면회신청을 하지 않고 나에게 두툼한 봉투 하나를 내밀면서 말했다.

"제가 쓴 글인데요. 나중에 한 번 읽어 보세요."라고 하였다.

문학을 한다더니 무슨 수필을 써서 가져온 것인가 생각하며 무심코 받았다.

아가씨는 나에게 자기 아버지는 출판사를 하고 있다는 것과 자기를 너무 사랑해 주셔서 아버지를 엄청 좋아한다는 둥 이런저런 이야기를 하다가 돌아갔다.

그날 하루 근무가 끝나고 내무반으로 들어가기 전에 아가씨가 준 봉투를 열어 무슨 글인가 읽기를 시작했다.

그런데 시와 수필이 뒤섞인 글의 내용이 이상했다. 거기에는 김포가도를 그려 놓고 길 주위에 아름다운 꽃들이 그려져 있었다. 그리고 그곳에 멋진 사랑의 시가 쓰여 있었고, 그 다음에는 수필로 자신의 심경을 애절하게 써내려 간 글이었다.

내용인즉 김포가도를 달려 면회실에 오빠를 만나러 왔다가 한 소년을 발견하게 되었고 순간적으로 사랑의 마음이 싹텄는데 그 소년은 자신에 대하여 아무런 관심이 없기에 "달빛은 차가웠어요."라고 표현하였다.

나는 생전처음 여자에게서 받아 본 글인지라 재미있기도 하고 우습기도 하여 어떻게 해야 할지 생각하며 내무반으로 들어갔다.

그런데 사흘이 지나 그 아가씨는 또다시 면회실을 찾아왔다. 이번에는 예쁜 한복을 입고 와서 나를 향해 의미 있는 웃음을 보이며 말했다.

"저 한복을 입었어요. 구병장님께 이쁘게 보이고 싶어서요."라고 하며 마치 나의 애인이라도 된 것처럼 말했다. 나는 아가씨의 면회 신청 시 적은 인적 사항을 보았다.

이름 신진영 22세, 주소 서울 서대문구 사직동 … 이라고 쓰여 있었다. 나보다 한 살 아래인 것을 보고 동생을 대하듯이 말했다.

"정말 문학을 한다더니 글을 잘 쓰셨던데 … 재미있게 읽었습니다. 나를 수필 속의 인물로 등장시켜 주셔서 고마워요. 그러나 그것은 현실과는 다른 상황이지요."라고 말했다. 그때 마침 면회자 손님이 찾아와서 대화가 끊어졌다.

나는 속으로 생각했다. 이거 장난이 아닌 것 같은데 … 조금은 염려하면서 될 수 있는 대로 아가씨에게 눈길을 주지 않고 다른 면회자들과 대화를 하였다.

얼마 후 면회자들이 돌아가고 아가씨와 둘이 남게 되자 아가씨는 난처해하는 표정을 보이면서 나를 쳐다보더니 그날도 두툼한 봉투를 책상 위에 두고 가면서 "꼭 읽어보셔야 해요." 하고 집으로 돌아갔다. 나는 아가씨가 간 후 봉투를 열어서 그곳에 쓰여진 글을 읽기 시작했다.

이번에는 지난번과 달리 나를 향한 아름다운 사랑의 시로 가득했다.

자신이 바라고 그리워하던 사람을 만난 것 같다는 것과 자기도 모르게 사랑하게 되었다는 글이었다.

그 내용을 읽는 동안 나의 마음이 조금씩 흔들리는 것을 느꼈다. 한 번도 이런 글을 받아 본적이 없는 사랑고백에 내 마음이 빠져드는 것 같았다.

그리고 마지막 부분에 이렇게 쓰여 있었다. "구병장님 이번 토요일 외출하실 때 서대문 독립문 맞은 편에 있는 영성다방으로 11시까지 꼭 오셔요. 영이가 기다릴께요. 만일 금주에 못나오시면 다음주 토요일 11시에 나오셔요. 기다릴께요.

그때도 못나오시면 그 다음주 토요일에 나오셔요. 진영이가 그날도 영성다방에서 기다릴께요. … 저는 계속 토요일마다 오실 때까지 기다릴 것입니다."라고 써 있었다. 나는 난감해지는 느낌이었다.

나는 제대 후 신학을 공부하여 목회자가 될 사람인데 신앙도 없는 한 문학소녀가 철없이 만난 지 며칠만에 나에게 사랑고백을 한다는 것이 못마땅했고, 둘째는 몸이 너무 날씬해서인지 건강이 좋지 않는 아가씨라고 생각되었다.

나는 이미 마음에 결정이 났다. 이 아가씨는 나의 결혼 상대자가 될 수 없다. 그러면 어떻게 해야지? 나는 결혼을 전제하지 않은 이성교재는 할 수 없다.

미룰 것 없이 금주 토요일에 나가서 진지하게 말해 주어야지 … 결심을 하였다.

토요일 외출을 나와서 오전 11시 독립문을 어렵지 않게 찾았다. 그리고 건너편을 바라보았더니 영성다방이라고 쓰여진 커다란 간판이 보였다.

아직 시간이 11시가 되지 않았지만 나는 생전 처음으로 다방에 들어갔다. 다방 안에는 손님이 별로 없었고 그녀도 보이지 않았다.

나는 다방 구석자리에 앉아서 기다리기로 했다.

그날은 눈이 하얗게 내린 날이어서 다방의 뜨거운 엽차를 한 모금씩 마시며 줄곧 다방문을 바라보았다.

5분도 지나지 않아서 문 앞에 하얀 코트를 입은 그녀가 나타났다.

그리고 제빠르게 다방 안을 휘 돌아보다가 구석자리에 앉은 공군복을 입은 나를 발견하고 반가운 얼굴로 다가오면서 말했다.

"나와주셔서 감사해요. 정말 고마워요."라고 하며 내 앞자리에 앉았다.

마침 다방 레이지가 와서 "손님 무슨 차를 드릴까요?" 하기에 우리는 커피를 시켜서 마셨다.

그리고 점심시간이 되어 아가씨를 향해서 물었다. "12시가 넘었는데 군인이 돈은 없지만 내가 점심 대접할께요." 하며 자리에서 일어나 밖으로 나갔다. 하연 눈이 내린 길에는 싸늘한 바람이 불었고 그녀는 하이힐을 신고 나와서 넘어질까 조심스럽게 내 팔을 잡고 걸었다.

나는 그녀를 쳐다보며 "처음으로 여자와 팔장을 끼고 걷는 것이네요." 했더니 얼른 잡았던 손을 놓으며 "어머 미안해요."라고 했다.

내가 무슨 음식을 먹고 싶으냐고 물었더니 가까운 곳에 중국집이 있는 것을 보고 "짬봉이 먹고싶어요."라고 말했다. "중국음식 좋아해요? 그럼 우리 들어가요."

마침 규모가 큰 집이어서 2층에 칸막이 시설이 되어 있고 조용했다. 우리는 칸막이 안에 들어가 짬뽕을 시켰다.

그리고 음식이 나오는 동안 나는 그녀에게 말했다.

"진영씨, 내가 크리스찬인 것 알고 있지요?"

"네 알고 있어요."

눈을 깜박이며 나를 쳐다보았다.

"그런데 내가 제대 후 어떤 꿈을 가지고 있는지는 모르지요?" 라고 물었다.

진영은 웃음 띤 얼굴로 "무슨 꿈을 가지셨는데요?"라고 물었다.

"나는 신학교에 들어가려 합니다. 하나님은 나를 부르셔서 하나님의 일을 하도록 하려 하십니다. 그래서 나는 목사가 되려 합니다. 진영씨는 그런 꿈을 가진 나를 따라갈 자신이 있는지요?" 하고 물었다.

너무나 뜻밖의 말에 놀라서 나를 쳐다보며 진영은 대답을 하지 못했다. 그때 "짬뽕 다되었습니다." 하며 음식을 가져왔다.

나는 다시 침착하고 분명하게 말했다. "나는 식사할 때 감사기도를 하고 음식을 먹습니다. 내가 기도드릴 때 진영씨도 같이 기도드립시다. 그리고 아멘 하세요."

마침 2층에는 손님이 없기에 나는 간절한 마음으로 소리내어 기도하기 시작하였다.

"거룩하신 하나님 오늘 이곳에서 귀한 음식을 먹게 해 주셔서 감사를 드립니다.

오늘은 마침 귀한 딸 신진영씨와 함께 식사하게 되었습니다. 귀한 딸의 마음속에도 하나님을 믿는 믿음의 마음을 주시기를 원합니다. 그리고 진영씨가 부족한 저를 향해 가진 허황한 생각을 버리게 하시고 좋은 남자친구를 주셔서 행복하게 되기를 소원합니다. 좋은 음식 주신 하나님께 감사드리며 예수님의 이름으로 기도드립니다. 아멘."

내가 간절히 기도 하고 그녀를 바라보았을 때 얼굴이 조금 전과는 완전히 다른 사람으로 변해 있었다.

나의 기도대로 허황한 꿈에서 깨어난 모습으로 나를 쳐다보았다. 그리고 나를 향해 이렇게 말했다. "목사가 되시겠다구요?" 그녀는 아쉬운 듯한 얼굴로 말했다.

"그렇군요. 저는 교회를 다니지 않는데요. 그렇지만 제대하신 후에라도 편지로 대화를 나누고 싶어요. …" 나는 고개를 끄덕였다.

그날 이후 진영은 다시 찾아오지 않았고 내가 제대 후 몇 번 편지를 교환했지만 서로의 교제는 끊어졌다. 동료들은 나를 바보라고 했다.

그 이유는 굴러들어온 호박을 차버렸다는 것이다. 그러나 나는 하나님의 일을 하려는 사람이다. 순결하지 않으면 안 된다. 나는 세상의 쾌락을 좇아갈 수는 없다.

그 후 진영이 어디서 어떻게 살고 있는지 궁금하지만 알 길이 없다.

나의 결벽증

"오늘 밤 부대 정문 앞 '정든 집'에서 박병장님 제대 기념 송별파티를 하기로 했으니 빠짐없이 참석하도록 부탁한다. 참석 못할 사람 없지?"

박병장 다음 고참인 정병장의 말에 새까만 일등병인 나는 물론 내무반 전원 모두 "네 알겠습니다"라고 대답하였다.

김포비행장 공군전투비행단 헌병대대 제2내무반 반장님의 지시대로 부대에서 5시 저녁식사를 한 후 가는 것을 보면 술을 마시러 가는 것이 분명했고 정든 집이란 술집인 것도 짐작했다.

내가 은근히 걱정이 되는 것은 술을 마시지 못하는 것과 그런 모임에 한 번도 참석해 보지 못해서 어떻게 송별회를 하는지도 몰라서 조금은 걱정이 되었다. 그러나 처음 배속되어 지금까지 내가 교회에 열심히 다니며 술·담배를 못하는 것을 알기에 술을 마시도록 강요하지는 않을 것으로 알고 나는 시간이 되어 내무반원들을 따라 나갔다.

'정든 집'은 부대 정문 앞에서 그리 멀지 않는 곳에 있어서 금방 그곳에 도착했다. 나는 술집에는 처음 들어가 보기에 주저하며 홀 안에 들어갔을 때 깜짝 놀랐다. 노출이 심한 옷을 입은 여자들이 우루루 몰려오더니 우리 일행들을 맞이하는 것이 아닌가? 나는 순간적으로 여기가 바로 말로만 들어온 접대부 있는 술집이라는 것을 알았다

넓은 방안 가운데 술상이 차려져 있고 우리들 사이에 아가씨들이 함께 앉는 것이었다. 그리고 아가씨들은 술잔에 술을 붓는 것이었다

이때 나는 본능적으로 내 옆에 앉아서 술을 따르는 아가씨를 뿌리치고 뒤로 물러나 앉았다. 나의 행동에 놀라서 "아저씨 왜 그러세요?" 하며 여인은 나를 바라보았다. 이때 제대하는 박병장님이 "아가씨 그 사람은 그대로 뒤에 앉도록 두어요. 그 사람은 술을 마시지 못해. 오징어 뒷다리와 과자만 주도록 하면 돼."라고 하자 아가씨는 "알았어요." 하며 나에게 술 안주 얼마를 가져다 주며 "참 이상한 아저씨네."라고 했다

나는 그렇게 이해해 주시는 박병장님의 말씀이 너무나 고마웠다.

내가 오징어 다리를 씹으며 뒷전에 조용히 앉아 있는 동안에 일행은 신나게 유행가를 부르며 술을 마셨다.

동료들이 여자들과 함께 어울려서 즐기는 것을 보면서 나는 조용히 기도드렸다. "오 하나님 세상 사람들은 이렇게 쾌락을 즐기지만 나의 마음에는 저들이 알지 못하는 하늘의 기쁨을 주신 것을 감사합니다. …… 잠시 눈을 감고 묵상 기도하는 중에 갑자기 내 목에 부드러운 촉감이 들면서 누군가가 내 목을 껴안았다. 그리고 내 귀에 속삭이는 음성으로 "멋쟁이 아저씨 나하고 같이 놀아요. … 제가 한 잔 부어드릴께요." 하는 것이 아닌가?

나는 기절초풍하고 놀라서 내 목을 감은 손을 떨치고 자리에서 일어섰다. 그리고 짜증난 얼굴로 여자를 바라보았다. 순간적인 나의 태도에 여자는 놀라서 눈을 똥그랗게 뜨고 "아저씨 왜 그러세요?" 하며 물러섰다.

이를 바라본 내무반원들이 하하 웃으며 소리쳤다.

"그 사람은 건드리지 말라니까. … 그 사람은 교회 다니는 사람이니까 그냥 버려두라니까. …" 하하하 술에 취한 음성으로 모두가 한바탕 웃었다.

나는 여자를 향해 물었다.

"이 집 수도가 어디 있어요?"

"마당에 있는데 왜 그러세요?"

당시 화장실에는 세면시설이 없었다. 나는 급히 마당으로 나갔다. 그리고 수도꼭지를 틀어 대야에 물을 받아서 목을 닦기 시작했다. 그리고 마음속으로 기도했다.

"오 하나님 저는 결코 이런 자리에 앉지 않아야 하는데 제가 앉은 것이 잘못되었습니다. 용서하여 주소서. …"

우리 일행은 모두가 웃음바다가 되었고 내 목을 잡았던 아가씨는 나를 향해 이상하다는 듯이 말했다.

"내가 오늘까지 이런 아저씨는 처음 보았네요." 하며 방안으로 들어갔다.

그날 송별회를 마치고 돌아오는 길에 대구가 고향인 친구 하나가 내게로 다가와서 내 손을 꼭 잡으며 속삭이듯 말했다.

"야 이친구야, 어떻게 그럴 수가 있지? 너의 신앙을 보고 정말 놀랐다."

예수를 믿는 것이 그런 것이라면 나도 믿고 싶구나. 진짜 나도 그렇게 살아보고 싶구나. 날마다 술이나 먹으며 온갖 타락된 삶을 살아온 나에게 너 같은 친구가 있는 것을 기뻐한다. …"

다시 한 번 내손을 꼭 잡아주며 말했다. 나는 친구의 그 말에 크게 기뻤다. 나의 괴벽한 행동을 이해해 주고 좋은 감정을 가진 친구가 고마웠다. 수십 년이 지난 지금은 너무나 세속화된 자신을 바라보면서 그때가 그리워진다.

오상병 이야기

공군 전투비행단에서 군복무 중이었을 때 치약·칫솔·양말 등 일용 보급품이 나온 날이었다. 군대 입대동기인 오상병이 나를 흘겨보며 말했다.

"저 세끼는 나보다 군번이 새까만데 보급품이 나오고 나는 왜 안 나온거야?"

듣고 보니 몹시 화가 치밀었다.

"야 오상병! 말이 지나치잖아? 내가 보급품을 안 나오게 한 것도 아닌데 왜 나를 원망하고 욕하는거야 ?"

나의 말이 떨어지기도 전에 오상병이 나에게 다가오더니 구둣발로 나의 엉덩이를 사정없이 걷어차는 것이 아닌가?

나도 순간적으로 심한 통증을 느끼면서 오른손 주먹으로 내려치려는 순간 나의 머릿속에 번개처럼 생각나는 것이 있었다.

'싸우면 안 돼, 나는 크리스찬인데. …"

나는 주먹을 내리고 내무반 밖으로 나갔다. 싸늘한 겨울 차가운 바람이 느껴지면서 마음을 가라앉혔다. 그리고 기도드렸다.

"하나님 오른편 뺨을 때리면 왼편도 돌려대라고 하신 말씀을 어겼습니다. 용서하여 주소서."

하루의 일과가 끝나고 그날 밤 나는 모든 것을 잊고 잠자리에 들었다.

다음 날 경비탑 근무를 마치고 돌아와 보니 오상병이 병원에 입원했다는 말을 들었다. 어젯밤 갑자기 평소 지병이던 치질이 심해져서 치료받으러 갔다는 것이었다. 나는 별 관심이 없이 치료받고 돌아오겠지 생각했는데 내무반장 김병장님이 나를 향해 말했다

"야 구상병, 어제 오상병이 병원에서 사고가 났다는데 간호하러 갔으면 좋겠다. …"

나는 깜짝 놀라며 "무슨 사고인데요? 치질이 심해서 입원했다고 아는데요."

"글쎄 나도 정확히는 모르지만 자네 한 번 가 보도록 해."

"네 알겠습니다."

어제일을 생각하면 좀 얄밉지만 악을 악으로 갚지 말고 선으로 악을 이기라고 하신 성경말씀을 생각하고 걸어서 20분 거리에 있는 기지병원으로 갔다.

병원 입구에서 위생병에게 오인진 상병이 어디에 있느냐고 물었더니 병실침대로 안내해 주었다. 오상병은 잠이 들었는지 눈을 감은 채 침대에 누워있었다.

"오상병 어떻게 된거야. 나 왔어…!"

오상병이 눈을 뜨고 나를 쳐다보더니 내손을 꽉 잡으면서 갑자기 울먹이며 말했다.

"구상병 미안하다. 내가 어제 너를 발로 찬 것 정말 미안하다. 그래서 내가 벌을 받아서 이렇게 되었다. … 너는 교회에 다니고 착한 것을 알면서 내가 잘못했다. …" 그러면서 눈물을 흘리는 것이 아닌가?

나는 무슨 일인지 의아해 하면서 "그게 무슨 말이야?" 하고 물었다.

오상병은 자초지종을 이야기하기 시작했다.

"내가 너를 발로 찬 후 저녁에 용변을 보려고 화장실을 갔는데 갑자기 항문에 통증이 오면서 용변을 보기에 너무나 힘들었거든. … 알고 보니 치질이 심해진 거였어. … 그래서 기지병원에 갔더니 수술을 해야 한다기에 수술을 받았는데 날씨가 춥다고 위생병이 유단포에 뜨거운 물을 넣어 수건에 싼 후 내 침대 속에 넣었던거야. … 그런데 그 유단포의 수건이 벗어지고 미끄러져 내려 내 오른쪽 발목 밑에 밀려 내려갔지만 마취가 덜 풀려 뜨거운 줄도 모르고 몇 시간을 지난거야.

마취가 풀려오면서 오른쪽 발목에 통증이 오기에 위생병을 불러 발목을 보니 유단포의 뜨거운 물에 나의 발 뒤꿈치가 푹 물러버렸던거야. …그저께 너를 찼던 그 발 뒤꿈치가 힘줄까지 다 물러서 나는 이제 병신이 된 거란다. …"

나는 너무 기가 막혀서 할 말을 잊었다.

"그래 앞으로 얼마 동안 치료해야 된다니?" 하고 물었더니 "일년 이상 치료해야 절뚝거리며 걸을 수 있을 것이라고…" 군의관이 말했다고 했다

나는 내무반으로 돌아오면서 정말 하나님이 벌을 내리신 것일까? "원수 갚는 것이 내게 있다 내가 갚으리라"고 하신 말씀이 생각났다. 정말 우연이라기에는 너무 이상했고 오상병 자신이 순간적으로 그렇게 생각되었다고 하니 하나님은 두려우신 분이심을 깨달았다.

그 이후 나는 자주 병원을 오가면서 그 친구를 간호해 주었고 1년이 지난 어느 날 오상병은 나를 대리고 대전 신탄진에 있는 자기 집으로 갔다. 오상병 부모님이 몹시 반가워하면서 나를 맞아주셨고 일박 이일 외박이어서 하룻밤 자게 되었는데 그날 밤 그 친구 여동생과 친구 아가씨들 여러 명이 와서 즐겁게 대화도 나누었다. 그때 오상병은 나에게 자기 동생과 사귀어 보면 어떠냐고 간절하게 말했지만 정말 내 타입이 아니었던 것 같아서 웃기만 하였다.

오랜 세월이 지난 지금 그 친구는 어떻게 지내고 있는지 궁금하다.

가장 큰 배경

나는 공군에 입대하여 대전 기술교육단에서 12주 기본훈련을 받고 김해로 내려가 헌병교육을 받은 후 처음 김포 11전투비행단 헌병대에 배속되었다. 헌병은 기지보안이 주 임무이기에 부대 주위 곳곳에 세워둔 경비탑에서 근무하거나 활주로 주위에 있는 전투기를 지키는 보초근무를 하는 것이 기본임무였다.

일일 3교대로 8시간씩 보초를 서는 것인데 밤 근무가 되었을 때가 나에게는 크게 문제가 되었다. 밤 근무를 마치면 잠을 자야 하는데 신경쇠약 증세로 낮에 잘 수없는 것 때문이었다.

나는 심한 불면증 때문에 잠을 제대로 잘 수 없어서 몸은 점차 수척해졌고 몹씨 힘들어 했다.

그렇지만 본부에 두세 명밖에 안 되는 사무직으로 들어갈 수도 없고 낮에만 근무하는 근무처가 없기에 어떻게 할 길이 없었다.

나는 어릴 때부터 믿고 섬기는 하나님께 도우심을 구하는 기도를 드리게 되었다.

“하나님, 밤 근무 후에 잠을 잘 잘 수 있게 해 주시고 건강이 회복되게 하소서. 아니면 저는 더 이상 견디기 어렵습니다."

그러던 어느 날 낮 근무 시간에 기지병원 외곽 경비탑 근무를 하게 되었는데 교대시간이 되어 멀리 교대차가 오는 것을 보고 나는 급히 경비탑 사다리 계단을 내려가다가 두 번째 계단에서 발을 헛디뎌서 떨어지고 말았다.

정신이 아득해지면서 심한 통증으로 숨을 제대로 쉴 수 없었고 전혀 움직일 수가 없었다.

부대원들은 놀라서 나를 들어 차에 태우고 급히 기지병원으로 가면서 말했다. "반장님, 구일병은 보초근무를 하기에는 적성이 아닙니다. 불면증에 시달리면서 너무 몸이 약해져서 결국 이런 일이 발생한 것 같은데, 근무처를 바꾸어 주어야 할 것 같습니다."

그날 나는 기지병원에 입원을 하게 되어 치료를 받게 되었다. 얼마의 시간이 지나자 다행히 특별히 다친 곳이 없어 걸을 수 있었다. 병원에 있으면서도 앞으로 근무할 일이 걱정이 되었고 나를 잘 아시고 사랑해 주시는 하나님께 좋은 해결책을 주시기를 간구하였다.

사흘째 되던 날 건강이 회복되어 퇴원을 하려는데 헌병대 본부에서 연락이 왔다. 면회실 근무하는 황보병장이 제대 특명이 내려왔으니 임시로 면회실 근무를 하라는 것이었다.

나는 면회실 근무가 헌병대 소속인 것도 알지 못했고 나에게는 한 번도 면회를 온 사람도 없기에 면회실에 가본 적도 없었다. 순간적으로 하나님께서 내 기도를 들으시고 응답하셨다는 생각이 들었다.

"네 알겠습니다. 즉시 가겠습니다." 나는 바로 퇴원하여 김포비행장 정문 안쪽에 있는 면회실을 찾아갔다. 미군이 지어서 쓰던 콘크리트건물 안에 순찰반 숙소와 헌병대 영창이 있었고 그 한 쪽 넓은 홀이 면회실이었다. 면회실 한 쪽에는 민간인이 경영하는 조그만 매점도 있었다. 나는 뜻밖에 그날부터 면회실 근무자가 되었다.

그리고 나중에 알았지만 11전비단에서는 최고로 좋은 근무처였다. 아무도 간섭하지 않을 뿐 아니라 아침에 전화기 한 대와 면회일지를 들고 출근하여 면회자들을 돌보는 일이었다.

이런 좋은 곳에 고참 병장도 오기 어려운데 일등병인 내가 근무하게 되었으니 이것은 기적이라 하지 않을 수 없었다. 분명히 하나님의 도우심이 있었음을 의심 없이 믿게 되었다

나는 열심히 기지교회에 다니며 신앙생활을 하였고 예배시간에 오르간 반주도 하였다.

어느 날 친하게 지나던 법무관실 김하사를 찾아간 일이 있었다.

법무관 장교들이 내가 면회실 근무자라고 하자 "자네가 구상병인가?" 하고 반가워했다.

그 중에 대위 계급장을 단 법무관이 나를 향해 물었다.

"자네는 배경이 아주 좋은 모양이야. … 면회실 근무자가 되었으니 … 자네 헌병대 대장과 가까운 친척인가?"

그때 나는 웃으며 대답했다.

"헌병대장보다 더 높은 배경을 가졌습니다."

"아니 그러면 기지 전대장님 한대령님과 잘 아는 사이인가?"

"아닙니다. 그 보다 훨씬 높은 분이십니다. …"

"니 그렇다면 자네 비행단 단장님과 잘 아는 사이인가?" 하고 물었다.

이때 김하사가 내 말의 뜻을 알고 웃으면서 말했다

"김대위님, 구상병은 교회에 다닙니다."

법무관은 놀란 모습으로 "하하 … 자네 크리스찬인가?" 하고 물었다.

나는 분명하게 대답했다. "법무관님, 저의 배경은 하나님이십니다. 그러기에 제일 좋은 근무처에서 일하게 되었습니다."

법무관도 웃으면서 "그렇지 … 하나님보다 더 높은 분은 없으시니까."

나는 제대할 때까지 2년 이상 면회실 근무를 하고 정확하게 3년만에 제대를 하였다.

항상 나를 돌봐주시고 인도해 주시는 하나님의 은혜였다.

어머니의 꿈과 목회

어린 시절 밤에 잠을 자다가 소변이 마려워 잠을 깨었는데 문 밖 마루에서 수군거리는 소리가 들려서 문을 열고 보았더니 희미한 달빛 아래 어머니께서 툇마루에 무릎을 꿇고 기도드리는 모습이 보였다.

'아 … 기도는 저렇게 하는 것이구나!' 생각하며 용변을 본 후 다시 잠들었다.

이제 와서 생각해 보니 내가 한 평생 성직자가 되어 섬긴 것은 어머니의 기도 덕택이라 생각되었다. 내가 군대에서 목사가 되기로 결심하고 제대하여 집에 돌아오던 3월 1일 부모님의 웃음 가득하던 모습이 떠오른다.

제대하여 부모님 뵙고 드린 나의 첫마디 말이 "부모님 저는 군대생활하면서 결심한 것은 성직자가 되려는 것입니다. 저는 바로 신학을 공부할 예정입니다."

이 말이 떨어지자 바로 어머님이 말씀하셨다.

"내 꿈이 맞았구나, 참으로 신기하다." 하시며 전날 밤 꿈 이야기를 하셨다.

"어젯밤 새벽녘에 너무도 생생한 꿈을 꾸었다. 네가 제대하여 돌아온다고 하여 기다렸는데 갑자기 대문 밖에서 큰 나팔 소리가 나기에 내다보았더니 대문 밖 골목길에 번쩍이는 큰 나팔이 보이면서 네가 그 나팔을 불고 있었다. 이것은 분명히 네가 복음의 나팔을 부는 목사가 되려는 꿈이다." 하시며 한없이 기뻐하시던 모습이 지금도 눈에 선하게 떠오른다.

제대한 지 10일만에 교회담임 목사님의 추천을 받아 대구로 나가 신학공부를 시작하게 되었고, 그 후 만 9년을 수학하여 목사가 되었다.

조금 더 공부하기 위하여 연세대학교 교육대학원에 들어가 교육학을 마지막으로 학교 공부는 마쳤다.

하나님의 보이지 않는 손길은 나의 길을 인도하셨고 몇 교회의 교육전도사로 일할 때도 순탄하게 길이 잘 열려서 별다른 어려움은 없었다.

나의 마지막 21년 이상 목회한 교회에서도 3년마다 한 번씩 앙케이트 조사를 하였다. 여러 가지 성도들의 신앙생활에 대한 질문이 있었지만 가장 중요한 것은 마지막 설문이었다. 그것은 담임목사 계속 시무에 대한 찬성과 반대를 묻는 것이었다. 당시 성도들 약 100명 중에 다섯명 이상 반대를 하면 사임하겠다는 생각을 하였다. 첫 번 3년째에는 반대표가 한 사람도 없었지만 두 번째 6년째에는 한 표가 반대표였고, 9년째에는 2표가 반대표였다.

그때 성도들에게 솔직히 말했다. "성도 여러분, 저는 설문조사 투표에서 5표 이상 반대표가 나오면 사임하려고 결심했습니다. 그러나 2표 반대가 나온 것은 하나님이 겸손하라고 주신 표인 줄 믿고 계속 목회를 하려 합니다. 여러분이 양해해 주시기를 바랍니다."

결국 그곳에서 21년 총 목회 43년을 마치고 은퇴하고 원로목사 추대를 받았다. 그리고 은퇴 후 현재 만 5년간 J 교회 초청을 받아 협동목사로 일했고 또 다시 목동 B 교회의 초청으로 4년째 고문 목사로 일하고 있다.

교회가 싫어요 (꽁트)

미진씨는 자신이 세 들어 가게를 운영하는 건물이 팔렸다는 말을 듣고 새로운 건물 주인이 가게를 비우라고 하지 않을까 하고 조금은 염려가 되었다.

그러나 건물주가 바뀌어도 계약기간이 아직도 남았는데 함부로 비우라고는 못하겠지 … 생각하며 크게 염려하지 않기로 했다.

그러나 새로운 건물주가 교회라는 말을 듣고 조금은 신경이 쓰여졌다. 왜냐하면 교인들이 너무 싫었기 때문이다. 앞선 건물주가 어느 큰 교회 장로하고 했는데 여러 해 세 들어 있는 동안 너무 얄미웠기 때문이었다.

어떤 불편 사항이 있어서 수리를 부탁했는 데도 좀처럼 고쳐주지 않고 스스로 고치도록 하려는 속셈이 훤히 보였기 때문이다.

교회 다닌다면서 저럴 수가 있는가? 말만 교인일 뿐 행동은 세상 사람들보다 더 못하다는 생각이 들었다.

그러면서 교회에 나가서 기도한다고 하나님이 들어주실까? 나는 절대로 교회에 다니지 말아야지…….

그녀는 자신의 이름을 올려놓고 다니는 절이 있었고 불교를 선택한 것이 잘한 것이라고 생각했다.

그런데 교회 목사가 건물 윗층 주택으로 이사 온다고 하는데 건물에 세 들었다는 것을 빌미삼아 교회에 나오라고 괴롭히지는 않을까 …, 그래도 절대로 나는 교회에 나가지 않을 거야……. 그녀는 이런저런 생각을 하며 마음속 깊이 다짐하였다.

얼마 후 윗층에 살던 장로가정이 이사를 가고 50대 초반 정도 되어 보이는 목사가정 네 식구가 이사를 왔다. 아들 딸 남매를 데리고 이사 온 모습이 그런대로 행복해 보였다.

이사 온 다음 날 목사는 가게에 찾아와 미진씨를 향해 말했다.

"새로 이사 온 교회 목사입니다. 잘 부탁드립니다."라고 하며 겸손하게 허리를 굽혀 인사를 했다.

그런데 목사의 얼굴을 보면서 생각했던 것보다 겸손해 보이고 편안함을 주는 느낌이 들었다.

목사여서인지 장로보다는 뭔가 다르다는 생각을 하며 인사를 나누었다.

그러나 미진씨는 목사를 향해 큰 소리로 말했다.

"목사님 제가 이 건물에 세 들어 있지만 저보고 교회 나오라고는 하지 마세요. 저는 절에 다니는 사람이거든요. 절대로 교회에는 안 다닐 겁니다."

여의도 순복음 교회 다니는 친구가 둘이 있는데 나를 교회에 대려가려고 몇 년 동안 온갖 방법을 다했지만 저는 한 번도 교회에 가지 않았으니까요……. 저는 교회도 싫고 교인들도 싫어요."라고 분명히 말했다.

목사는 그녀의 말을 다 듣고는 빙그레 웃으면서 "잘 알겠습니다."라고 하며 더 이상 아무런 말도 하지 않았다. 목사는 미진씨에 대하여 이미 어느 정도 알고 있었다. 교회 건물에 세든 가게들에 대하여 미리 상황파악은 하고 있었다. 특히 미진씨를 보는 순간 녹녹하지 않다는 느낌이 들었다.

우선 남에게 절대로 지지 않으려 하고 주관이 뚜렷한 성격 때문인지 전도하기 어렵다고 생각되었다. 그러나 한 가지 희망은 본 교회 믿음 좋은 청년 인숙 선생의 고모라는 것과 성격이 단순하다는 것이었다.

목사는 다음 날 건물에 세 들어 있는 점포들에게 이사 기념 선물을 주려고 생각했다. 무슨 선물을 줄까 생각하다가 각각 필요할 듯한 물건들을 준비하여 직접 방문하여 전하여 주었다.

목사가 직접 선물을 전달하는 모습을 보고 선물을 받는 점포마다 놀라는 표정을 지으며 "감사합니다." 하며 받았다.

그런데 미진씨는 목사를 향해 이상하다는 표정을 지으며 말했다.

"지금까지 세 들어 여러 해 동안 영업을 했지만 집주인이 점포에 선물 주는 것은 처음인데요 …?"라고 하며 이외라는 듯한 표정을 지었다.

미진씨는 이런 선물을 주는 것이 전도하려고 주는 미끼라고 생각되었기 때문이다.

이튿날 아침 3층 목사 사택에 김미진씨가 손에 무엇인가 들고서 올라갔다.

"목사님 어제는 저희가 이사 축하 선물을 드려야 하는데 도리어 받고 보니 너무 미안한 마음이 들어 조그만 선물을 준비했습니다." 하며 내밀었다.

"고맙습니다. 이렇게 주시지 않아도 되는데……."

목사는 김미진씨의 예의바른 태도를 생각하며 기뻤다. 그리고 그녀를 위해 "하나님 미진씨의 마음을 감동하셔서 하나님을 믿고 구원함을 얻게 하여 주시기를 원합니다."라고 기도하였다.

그리고 한 달 쯤 지난 어느 날 미진씨가 목사 사택에 전화를 하였다.

"목사님이세요? 저희 가게 수도가 세는 것 같습니다. 좀 고쳐주셨으면 합니다."

건물을 가진 주인의 고충 중의 하나가 건물에 하자가 있을 때 수리해 주어야 하는 것이었다. 목사는 즉시 어떤 상황인지 아래층 가게에 내려갈 준비를 했다.

한편 미진씨는 전화를 한 후 생각하기를 '목사는 어떻게 할까? 이전 주인 장로와는 다를까? 수도 고치는 기술자에게 연락하고 하루 이상 지나야 올수 있겠지? 적어도 며칠 내로는 고쳐줄까?'

마음을 느긋하게 먹고 기다리기로 했다. 그런데 놀랍게도 10분쯤 지났을까 목사가 작업복을 입고 수리할 연장들을 가지고 나타난 것이었다.

그녀는 너무나 놀라서 "아니 목사님 혼자 오셨어요? 직접 고치시려구요?" 했더니 목사는 태연한 얼굴로 "제가 잘 고치지는 못하지만 웬만한 것은 수리할 수 있습니다. 기술자가 오려면 시간이 걸리거든요. 어디가 고장났습니까?"

목사는 익숙한 솜씨로 이곳 저곳을 만지더니 "수도꼭지 박킹이 낡아서 그런 것 같습니다. 마침 준비한 박킹이 있거든요." 하며 금방 수리를 마치는 것이 아닌가?

미진씨는 너무나 놀랐다. 세상에 이런 목사도 있구나 생각하며 "목사님 감사합니다." 자신도 모르게 허리를 굽혀 인사를 하였다.

며칠이 지난 후 미진씨는 특별한 일로 아침 일찍 출근을 하게 되었다.

그런데 목사가 교회 앞 전봇대 앞에서 쓰레기가 쌓인 것을 비닐봉지에 담고 있었다. "목사님 뭘 하시는 거에요?"

목사는 웃음 띤 얼굴로 “일찍 나오셨네요. 새벽기도를 마치고 운동삼아 청소를 합니다.”라고 했다.

“아니 목사님이 그런 일을 하시면 어떻게 해요? 교인들이 하셔야지요.” 라고 했더니 “쓰레기가 보기 흉하고 아무도 치우는 사람이 없기에 … 그리고 내 집 앞은 내가 치워야지요.” 하면서 말끔히 청소를 하는 것이었다.

전봇대 옆에는 오래 전부터 항상 수거하지 않는 쓰레기가 쌓여 있었는데 그것을 목사가 말끔히 치워버린 것이었다.

미진씨는 머릿속이 혼란해졌다. 목사는 교인들에게 설교하고 기도를 하며 점잖은 모습으로 심방이나 다니며 대접만 받는 것으로 생각했었는데 수도도 고치고 청소도 하는 것이 자신의 생각에는 의외의 일이었다.

그리고 미진씨 자신도 지금까지 전봇대 옆을 청소하지 못한 것이 마음에 거리끼는 것이었다.

미진씨 옆에 세 들어 있는 전직 경찰관 출신이라는 복덕방 영감님도 자주 이른 아침 나오셔서 늘 청소를 하였지만 전봇대 옆 쓰레기는 청소하지 않았다. 다만 입버릇처럼 어떤 녀석들이 여기다 쓰레기를 버린담 … 하며 못마땅한 표정을 지을 뿐이었다.

어느 날 목사를 향해 말하기를 “목사님 돈 많이 모으셨네요. 이런 건물을 구입하시다니 … 목사님은 부자시네요.”라고 하였다.

목사는 웃으면서 “어르신 이 건물은 교회 건물이고 교회 재산일 뿐 저의 개인 재산이 아니랍니다. 저는 교회 사택에 살다가 은퇴하게 되면 떠나갈 뿐입니다.” 라고 했다. “아니 그렇지만 목사님 이름으로 건물등기가 된 것이 아닙니까?” 영감님은 궁금하다는 표정으로 물었다.

“그렇습니다. 이 건물은 총회에 소속되고 교회 이름으로 등록된 것입니다.” 다만 제 이름은 대표자로 들어가 있을 뿐입니다.

영감님도 고개를 끄덕이며 “네 그렇군요.”라고 했다.

미진씨의 마음은 점차 교회에 대하여 호의적으로 변한 것 같았다. 그리고 조카로부터 자주 “고모도 우리 교회에 나오세요. 우리 목사님 참 좋으신 분이세요.” 하며 부탁을 하였다. 교회가 이사 온 후 화장실도 개방하여 누구든지 사용할 수 있게 되었고 교회 건물 옆 담도 헐어버려서 주차공간이 넓어져서 가게에 오는 손님들도 주차하기에 좋아졌다.

미진씨는 교인들이 다 나쁜 것이 아니라 참 좋은 교인들도 많이 있을 수 있다고 생각하며 목사에 대한 적개심도 점차 줄어들게 되었다.

교회가 이사 온 지 6개월 정도 된 어느 날 목사가 사택에서 나왔을 때 마침 미진씨와 마주치게 되었다. 미진씨는 “목사님 안녕하세요? 저 드릴 말씀이 있는데요…” “네 무슨 말씀이신지….” 목사가 궁금한 듯 그녀를 쳐다보며 물었다. 그녀는 몹시 망설이더니 “저 … 목사님 저도 교회 나가도 되나요?”

목사는 깜짝 놀라며 그러나 기다렸다는 듯이 즉시로 대답했다.

“교회 나오셔도 되고 말구요. 언제든지 나오십시오. 이번 주일부터 나오십시오.”라고 하며 목사는 환하게 웃었다.

다음 주일 미진씨가 처음으로 교회에 나왔다. 목사가 강단에서 바라보니 교회당 맨 뒷자리 큰 기둥 뒤에 숨어 앉았다. 그리고 함께 예배를 드렸다. 그 다음 주일도 그 다음도 계속 놀랍게도 빠지지 않고 예배에 참석하였다

강단에서 목사는 말했다. “여러 성도님들, 이 세상의 모든 것은 다 공

(0)과 같습니다. 재물도 건강도 명예도 모두 0일 뿐입니다. 0은 더해도 0이고 곱해도 0입니다. 그러나 하나님을 믿고 섬기는 것은 1과 같습니다. 여호와를 경외하는 것이 지식의 근본이라고 했습니다. 근본인 1이 있으면 0은 10도 되고 100도 되고 1000도 되는 것입니다. 그러기에 우리는 1과 같은 하나님 섬기는 일을 먼저 해야 합니다. 그러면 세상의 모든 것이 복이 될 수 있습니다……." 목사의 설교 말씀이 쉽고 좋은 것 같았다.

그녀는 신앙생활을 잘 하겠다고 하면서 목사님과 약속을 하였다.

미진씨는 그날 이후 다음 주일도 그 다음도 계속 빠지지 않고 예배에 참석하였다. 교인들도 모두들 친절히 대해 주었고 점차 친밀해져 가게 되었다.

그런데 그녀가 교회에 나온 지 3개월 정도 된 주일날 빠지지 않던 그녀가 보이지 않았다.

목사는 예배를 인도하면서 무슨 일일까? 궁금해 하면서 예배를 마친 후 주일 학교 교사 겸 찬양대에서 봉사하는 인숙 선생에게 물었다.

"고모님이 오늘 교회에 안 나오셨는데 … 혹 무슨 일이 있나요?."

"글쎄요 저도 이상하게 생각하고 있거든요. 아무런 연락도 받은 것이 없습니다." 다음 날 목사는 그녀가 가게에 출근했는지 내려가 보았더니 아무일 없는 듯이 열심히 일을 하고 있었다.

"어제 주일은 뵙지 못했어요? 무슨 일이 있었나요?"라고 했더니 천만 뜻밖에도 "목사님 저 어제 절에 다녀왔습니다."라고 하지 않는가?

"아니 절에는 다시는 안다니기로 하셨잖아요? 그런데 어떻게 절에 가시다니요?"

"목사님 그게 아니라 절에 가서 제 이름을 다 없애고 제가 그곳에 둔 모든 흔적을 다 지워버리고 왔답니다. 이제 저 교회에만 열심히 다닐거에요."

목사는 너무 기뻐서 "감사합니다. 잘 하셨어요. 하나님의 은총이 더하시기를 빕니다." 미진씨는 더욱 열심히 신앙생활을 잘하여 귀중한 신자가 되었다.

교회 건물 마련하다

주일 아침 9시에 드리는 어린이 예배시간이면 목사는 늘 불안했다. 아이들이 교회당 안에서 떠들다보면 아래층에 사는 주인아주머니가 올라와서 야단을 치기 때문이었다. 그리고 이렇게 쿵쾅거리려면 교회를 이전하라고 했다. 그래서 언제부터인가 아이들이 아주머니를 보면 '방빼' 아줌마라고 하며 수군거렸다.

그런데 내가 북가좌동 연가교회에 부임한 지 6년 되던 해 정말 기적적으로 교회당 건물을 마련하게 되었다. 처음 부임했을 때 전임 목사 사례비가 50만원이었는데 회계집사님 말씀대로라면 교회 재정이 매월 50만원씩 적자여서 몹시 어렵다는 것이었다.

나는 우선 사례비를 낮추어서 월 40만원씩 받기로 했다. 그러나 신기하게도 부임 이후 첫 달부터 매월 50만원씩 재정이 남게 되자 교인들은 크게 힘을 얻었다. 그리고 점차 교인들의 수가 늘어나서 70명 정도 모이게 되었는데 가장 큰 문제는 건물의 주인이 아래층에 살고 있어서 간섭이 너무 심했다.

교인들은 우리도 언제나 우리 건물이 있어서 마음 놓고 예배드릴 수 있을까 … 입버릇처럼 말했다.

그러나 매월 50만원씩 저축한다 해도 일억을 모으려면 16년은 걸려야 하기에 건물을 마련하기에는 너무나 요원하였다.

나는 하나님께 무릎 꿇고 새벽마다 기도드릴 뿐이었다.

"하나님 언제나 우리 교회도 예배당 건물을 마련할 수 있겠습니까? 하나님께서 허락하시면 불가능도 가능하게 될 줄 믿습니다. 우리들이 세 들어서 예배드리는 일이 너무 힘이 듭니다. 너무 자유가 없습니다. 하나님 건물을 마련하게 하옵소서."

날마다 기도는 드리지만 공허한 마음뿐 건물 마련의 길은 보이지 않았다. 그러던 중 어느 날 오래 전 교육전도사 시절에 필동 H교회에 함께 섬기던 옥장로님으로부터 전화가 왔다. 그 당시 청년회 회장이던 그가 큰 교회에서 장로로 피택되어 장립받게 되었고 일산으로 이사를 가서 거주하고 있었다. 그 당시 폐결핵 말기로 피를 토하며 지나던 때 나와 교사들이 주일예배 후 함께 찾아가서 눈물로 간절히 기도하였는데 기적적으로 병이 낫게 되고 건강을 되찾게 되어 늘 잊지 않고 서로 기도하며 지내던 사이였다.

장로님은 나보다 3살 정도 연장자였는데 오랜만에 만나 이런 저런 이야기를 나누며 정겨운 시간을 가졌다. 그리고 현재 우리 교회 형편 이야기를 듣더니 "목사님 건물도 없이 목회를 하시다니 이래서야 되겠습니까? 내가 5천만원 정도 헌금할 터이니 건물 마련을 하시기 바랍니다."

나는 내 귀를 의심했다. 그때 5천만원이면 우리 동네 조그만 단독주택 한 채 정도 살 수 있는 금액이었다. 나는 하나님께 감사기도를 드리고 다음 주일 날 교회에 광고를 하게 되었다.

온 교회 모든 성도들이 감동하여 말했다.

"우리 교회 교인도 아닌 분이 5천만원이나 헌금하시는데 우리도 헌금을 합시다."라고 하며 헌금을 작정하였는데 놀랍게도 1억 이상의 헌금이 나오게 되었다. 그것은 분명히 하나님께서 일을 이루시려고 큰 감동을 주신 것이었다.

그날 이후 우리는 최선을 다하여 기도함으로써 준비하는 중 내가 부임 이후 우리 교회 새벽기도회에 5년 이상 항상 나오셔서 기도하시던 독립문교회 B장로님께서 나에게 말씀하시기를 "목사님 우리가 사는 3층집이 도로변에 있고 건물이 길게 되어 있어서 리모델링하면 교회 건물로 아주 좋을 것 같습니다. 저희가 값싸게 건물을 양도할 터이니 구입하시기 바랍니다. 마침 저희가 집수리 업을 하고 있으니 예배당으로 잘 꾸며 드리겠습니다. 그리고 리모델링비는 받지 않겠습니다."

너무나 일이 준비된 것처럼 착착 진행되어 대로변 장로님 집 건물을 매입하게 되었다. 건물 구입비의 모자라는 금액은 점포 4개의 보증금을 안고 매입하였기에 가능하였다. 리모델링 공사는 순조롭게 진행되었다.

그러나 맨 아랫 층 코너 부분을 5평 정도 넓히는 작업을 하려는데 그것은 외벽을 헐어야 하는 위험한 공사이기에 따로 기술자가 와야 하는 것이었다.

너무 위험한 공사여서인지 업자들이 3명이나 왔다가 자신이 없다고 했다. 결국 공사를 책임 맡은 장로님께서도 넓히는 작업하는 것을 포기하자고 하셨다. 그리고 사고가 나면 자기는 책임을 질 수 없으니 계속 하시려면 목사님이 책임지세요라고 하셨다.

그러나 그것을 넓혀야 강대상 쪽이 훨씬 넓어지고 교회당 안이 균형이 잡히는 것이었다. 나는 하나님의 도우심을 구하며 밀어붙이기로 하였다.

마침 교회 가까이 사는 젊은 업자가 자기가 할 수 있다고 하여 공사를 계속하게 되었다. 외벽을 허는 방법은 큰 포크레인으로 천정을 받들어 놓고 외벽을 헐고 단 몇 분 안에 H빔으로 받침대를 넣는 작업이었다. 그 순간 잘못하면 집이 무너질 수 있다고 하였다.

다행히 그 어려운 공사도 은혜 중에 사고 없이 마치게 되었다.

건물을 개조하여 리모델링하는 기간이 3개월 정도 걸리면서 나는 너무 힘이 들어서인지 대상포진에 걸리게 되었다.

밤에 잠을 잘 수 없을 만큼 통증이 와서 처음에는 원인을 알지 못하고 진통제만 먹다가 나중에야 처음으로 걸려 본 대상포진이란 것을 알고 나니 치료가 쉬워졌다. 처음에 내과약을 먹어도 낫지 않더니 피부과에서 처방한 약을 먹고 포진이 생긴 부분에 약을 발랐더니 일주일만에 낫게 되고 옆구리에 돋아난 붉은 포진들도 치료가 되어졌다.

얼마 후 우리는 잔금 지불과 더불어 입주하게 되었을 때 정말 꿈꾸는 것 같았다. 이제는 지씨 아줌마의 "방빼!"라는 소리도 듣지 않게 되었고 일층은 본당으로 사용하고 2층 가게 넷은 세를 주었고 3층은 목사 사택으로 사용하게 되었다.

교회 공사가 3개월만에 완성되어 입당 예배를 드리게 되었고 온 성도들은 눈물로 감사예배를 드리며 여호와 이래의 은총을 주신 하나님 감사드리며 하나님께 영광을 돌려드렸다.

귀신들린 사람

내가 대림동 H교회에 부목사로 일할 때 새로 등록한 여자 성도님이 교회로 전화를 하였다. "목사님 저희 집에 심방 좀 오셔서 기도해 주십시오. 저의 남편이 귀신이 들려 자주 발작을 하는데 너무나 힘이 듭니다."

목사로 임직한 지 1년밖에 되지 않아서 경험이 부족했지만 즉시로 서너 명의 권사님과 집사님들을 불러모아 20분거리에 있는 성도님의 가정을 주소를 따라 찾아가게 되었다.

한 번도 귀신들린 사람을 내어 쫓아보지 못했지만 하나님을 믿고 예수님의 이름권세를 의지하여 찾아가게 된 것이다.

우리가 집안 마당으로 들어갔을 때 창문를 통하여 보인 것은 남편인 듯한 사람이 방안을 이리저리 다니며 뭔가를 중얼거리는 모습이 보였다.

우리가 들어갔어도 여전히 방안을 돌아다니며 자기 아내를 붙잡고 괴롭히며 우리를 본체만체하였다. 나는 마음속으로 간구했다.

"하나님 귀신을 내여 쫓아주심으로 저 사람이 자유를 얻게 하소서."

그리고 우리는 함께 몇 장의 찬송을 부르기 시작했다.

"십자가 군병들아 주 위해 일어나 기 들고 앞서나가 굳세게 싸우라.

우리들의 싸울 것은 군대 아니요. ……."

찬송을 부른 후 우리는 통성기도를 했다. 간절하게 소리를 내어 합심기도하며 예수님의 이름으로 '귀신아 나가라' 외쳤지만 아무런 소용이 없었다. 여전히 그 사람은 괴성을 지르며 이리저리 다니며 우리를 아주 무시하는 듯했다. 이때 나의 마음속에 불현듯이 성경에 기록된 말씀이 생각되었다.

어느 날 예수님이 세 제자를 데리시고 산 위에 올라가신 후 산 아래 있던 아홉 제자들이 귀신들린 사람을 치료하려고 아무리 노력해도 내어 쫓지 못했을 때 예수님이 오셔서 즉시 귀신을 쫓아내어 주셨다.

그때 제자들이 묻기를 왜 우리는 쫓아내지 못했는지요? 질문했을 때 예수님이 말씀하시기를 "기도 외에는 이런 류가 나갈 수 없느니라." 하신 말씀이었다. 그날 우리는 허전한 마음으로 돌아오면서 약속을 하였다. "우리가 기도 준비 없이 찾아갔기에 승리하지 못했습니다. 우리 모두 오늘 밤 간절히 기도드리고 내일 다시 찾아 갑시다."

나는 그날 밤 밤새도록 간절히 하나님의 도우심을 간구하였다.

그리고 아침 9시경에 다시 모여서 심방을 가게 되었다.

그날 기도를 해서인지 확신과 담대한 마음으로 집안에 들어섰더니 부인이 나와서 영접하는데 방안에 들어서자 남편이 갑자기 두려운 표정을 지으면서 "거룩한 분들이 오셨습니다."라고 하며 얌전하게 방안 구석에 무릎을 꿇고 앉는 것이 아닌가.

우리는 크게 힘을 얻어 간절하게 예배를 드리며 말씀을 전한 후에 말씀 앞에 순종함으로 무릎을 꿇고 있는 그에게 안수기도를 했더니 귀신이 떠나가고 맑은 정신이 돌아왔다.

그리고 겸손한 모습으로 "감사합니다. 목사님 성도님들 부족한 저를 위해 찾아주시고 기도해 주셔서 정말 감사합니다." 인사를 하였다.

우리는 크게 기뻐하며 정말 하나님의 말씀대로 행하면 승리를 주시는 것을 감사합니다. 할렐루야! 큰 힘을 얻고 돌아오게 되었다.

그리스도인의 행복

내가 어느 날 봉천1동과 신림동을 잇는 작은 다리 앞 버스 정류장에서 사람들에게 전도지를 나누어 주고 있었다. 그런데 버스를 타려고 기다리던 20대 초반으로 보이는 한 청년이 내가 준 전도지를 받아들고 나를 유심히 쳐다보더니 큰 소리로 물었다.

"아저씨, 예수님 믿어서 정말 행복합니까?" 나는 전도하던 중 처음 받은 질문이어서 조금 당황하다가 확신 있게 대답했다.

" 예. 나는 예수님 믿어서 정말 행복합니다." 그때 청년은 다시 물었다.

"아저씨 진짜로 행복하세요?" 나는 다시 한 번 큰소리로 대답했다.

"나는 진짜로 행복합니다." 그날 집으로 돌아온 후 곰곰이 생각했다.

나는 정말 행복한가? 행복하다면 무엇이 행복한가? 아마 그 청년은 교회를 다녔던 사람이 아닐까? 그때 그는 행복한 삶이 아니었기에 신앙생활을 하지 않은 것이 아닐까도 생각되었다.

나는 나의 행복이 구체적으로 무엇일까 곰곰이 생각해 보았다.

내가 열일곱 살 때 중생을 체험하기 전까지는 고민생이라는 별명이 붙어서 늘 불면증에 시달렸고 우울한 나날을 보냈던 것이다.

어떤 날은 새벽 두시까지도 잠이 오지 않아서 얼굴은 창백했고 자주 죽음을 생각했던 삶이었다. 그런데 은혜를 체험하고 나니 나의 마음에 하늘로부터 큰 기쁨이 임하게 되었다. 세상에서 얻을 수 없는 신비한 기쁨이 임하여 나도 모르게 입에서 찬송이 터져 나오며 그날부터 늘 찬송하는 삶을 살게 되었다.

그리고 예수님이 하신 말씀 '나의 기쁨을 너희에게 주노라. 내가 주는 것은 세상이 주는 것 같지 아니 하니라'는 말씀이 그대로 기쁨이 샘솟듯 하는 신비를 체험하게 되었다. 그때 파스칼이 쓴 팡세 책을 읽으며 파스칼이 체험했던 신비한 놀라운 기쁨의 체험을 나도 가지게 되었다.

당시 내가 부른 찬송이 주예수 내맘에 들어와 계신 후 변하여 새사람 되고 … 물밀 듯 내맘에 기쁨이 넘침도 주 예수 내맘에 오심 그대로 였다.

그리고 나의 행복한 이유는 무엇일까? 깊이 생각해 보았을 때 몇 가지 중요한 요소가 있음을 알게 되었다.

그것은 내가 하나님의 자녀가 되었다는 확신이 왔고 또한 천국시민권을 얻었다는 것이 너무나 놀라운 기쁨이요 행복이었다.

뿐만 아니라 이러한 은혜는 하나님이 나를 선택하셔서 예수님 믿게 하시고 나를 구원해 주셨다는 사실이 너무나 감사한 일이었다.

보다 더 나를 기쁘게 하고 행복을 주는 것은 중생 이후 눈물의 회개와 더불어 내 모든 죄가 용서함 받았다는 것을 깨달았을 때 무거운 죄짐을 벗었다는 속죄의 기쁨은 놀라운 감사와 큰 평강을 주는 것이었다.

'내 속죄함을 입은 후 한 없는 기쁨을 다 측량할 수 없어서 늘 노래합니다.'

찬송이 저절로 입에서 터져 나오게 된 것이다.

성경 사도행전 16장에 기록된 바울과 신라의 빌립보 감옥에서의 핍박

받아 매맞고 감옥에 갇혀서 내일이면 죽을지 모르는 상황에서도 밤중에 찬송과 기도가 터져 나오므로 하나님의 기적이 나타나서 옥문이 열어지고 쇠사슬이 풀리며 간수가 이러한 놀라운 상황들을 보고 "선생들아 내가 어떻게 해야 구원을 받으리이까?" 하고 소리치며 바울과 신라 앞에 무릎을 꿇게 된 것이다.

기독교는 이러한 기쁨과 행복을 주기에 수많은 역경 속에서도 없어지지 않고 오늘의 부흥을 가져오게 된 것이다.

나의 삶 속에서 이러한 믿음과 확신이 평상시 내 속에서 떠나지 않음으로써 한없이 행복한 그리스도인이 된 것이다.

사흘 금식기도

처음 대구에서 신학을 공부하던 시절 나는 한 끼도 금식을 해 본적이 없었다.

당시 수많은 사람들이 주암산 기도원에서 금식기도를 하고 은혜를 받았다는 말을 들었다. 나도 주암산 기도원 기도 굴에서 금식하며 기도를 하고 싶었다. 당시 나에게는 수많은 시험과 어려운 문제들이 많았기 때문이었다.

한 번도 기도원에 가본 적이 없는 나는 무조건 버스를 타고 주암산 기도원에 도착하였다. 가져간 것은 여름철이어서 담요 한 장과 성경, 찬송가 그리고 세면도구뿐이었다. 월요일 아침 식사부터 금식하고 가게 되었는데 기도원에 도착하자 바로 산으로 올라가며 기도 굴을 찾아보았다.

산중턱쯤 올랐더니 그곳에 조그만 자연 굴 하나가 보였다. 옳지 여기가 좋겠구나 생각하고 굴속에 들어가 보니 누가 가져다 놓았는지 지푸라기들이 수북하게 깔려 있어서 푹신하고 좋았다.

나는 그곳에 자리를 잡고 사흘간 금식하며 기도하기로 하였다. 나중에 알았지만 기도원에 올라가면 우선 등록을 하고 숙소를 배정받은 후 숙소에서 잠을 자고 굴이나 예배당 혹은 기도처소에서 기도해야 하는데 나는 아무런 절차를 밟지 않고 그대로 굴에서 기도를 하게 되었다.

하루를 금식했는데 너무 기운이 없어지고 기도하기도 힘들었다. 그러나 내가 이곳에서 금식하며 은혜를 사모하는 모습을 하나님이 보시고 계시다는 것만으로 만족하며 물 한모금도 마시지 않고 기도만 힘썼다.

이틀째 되는 날 나는 배고픈 것이 얼마나 힘든가를 처음으로 알게 되었다. 기도하려면 눈앞에 밥그릇이 보이고 밥 냄새가 그리워졌다. 그러나 마음이 깨끗해지면서 거룩해지는 느낌을 받아서 좋았지만 기도문이 열리질 않고 답답한 마음이 계속 되었다.

사흘째 되는 날 수요일 예배에 참석하려고 산을 내려가기로 했다. 오후 2시경에 조금은 다리가 후들거렸지만 버스를 타고 가는데 버스 안에서 갑자기 심령이 뜨거워지면서 찬송이 터져 나왔다.

나는 작은 소리로 찬송을 부르다 보니 하염없이 눈물이 흘러내리며 감사의 마음이 들면서 하나님께서 내 기도를 다 들으시며 나를 한없이 사랑하신다는 확신이 왔다. 내 마음 속에는 하늘의 기쁨으로 충만해졌고 주님이 주시는 평안으로 가득 채워졌다. '하나님 감사합니다. 감사합니다.'라는 말만 계속 하며 돌아왔다.

집에 도착하자 우선 죽을 끓여 조금 먹은 후 교회 저녁예배에 참석하였다. 기도 굴에서는 한 방울의 눈물도 흘리지 못했는데 집으로 돌아오면서 흐르는 눈물과 기쁨은 교회에 가서도 계속되었다.

담임 목사님께서 그날따라 찬송을 부른 후 나에게 대표 기도를 시키셨다. 순간 심령이 뜨거워지면서 나의 입에서 기도가 폭포수처럼 쏟아져 나왔다. 갑자기 온 교회가 성령으로 충만해지는 것 같은 신령한 역사가 일어났다.

예배를 마친 후 나와 절친한 청년 집사가 나를 향해 말했다.

"전도사님 어떻게 된 일이지요? 은혜가 충만해지셨네요? 오늘 기도에 큰 은혜를 받았습니다."라고 하였다.

그날 이후부터 금식기도가 얼마나 귀하다는 것을 깨달았고 자주 금식을 하게 되었다.

기독교 성서

성경이란 영어로 바이블이라고 하는데 고대 파피루스에 기록되었기에 파피루스라는 말에서 온 것이다. 성경은 세계에서 가장 많이 팔리는 책이면서 가장 영향력이 큰 책이라고 해도 틀림없다.

구약성경 39권 신약성경 27권 합계 66권의 책을 하나로 묶어 편집된 것인데 약 1600년 어간에 40명 정도의 저자를 통해 기록된 것으로 그들이 연구해서 저술한 책이 아니라 하나님의 성령의 감동하심과 진리를 계시하심으로써 깨달아 알게 하시고 기록하게 하신 신비한 책이다.

하나님이 인간에게 계시하시는 방법은 직접 나타나셔서 말씀을 주시거나 영안을 열어 보게 하셔서 두렵고 떨리는 마음으로 기록하였다.

인간 스스로 아무리 연구하고 깨달으려 해도 알 수 없는 천지만물의 비밀과 창조주 되신 하나님이 어떤 분이신 것을 알 수 있도록 하나님이 모세나 이사야나 예레미아 등 하나님이 원하시는 사람을 부르시고 그들에게 말씀하시고 그 말씀을 정확하게 기록하여 인간에게 전해진 책이 바로 성경인 것이다.

그리고 신약성경은 하나님이 이 땅에 보내신 하나님의 아들 예수님을 통해서 전하신 말씀을 제자들이 기록하여 전하신 말씀으로 그들이 성경을 기록한 목적은 요한20;21절에 분명히 밝혔는데 예수를 믿고 진리를 깨달아 구원함을 얻게 하는 데 있다고 하였다.

유대인 서기관이나 랍비들이 성경이나 그 사본을 기록할 때 두렵고 떨리는 마음으로 기록하다가 야훼(여호와 하나님)라는 단어가 나오면 붓을 다시 빨고 몸을 정결케 한 후 기록했다고 한다.

고서 검증법에 의하면 성경의 정확성은 어떤 고서보다 월등하고 정확하게 기록되었음을 증명하고 있다.

또한 성경에는 수많은 기적과 신비한 일들이 기록되어 있는데 인간의 지혜나 경험으로 알 수 없는 것들이 많이 있다.

예를 들면 모세가 이스라엘 백성들을 홍해 바다가 갈라지는 기적을 통해 인도한 일이나, 죽은 아이를 살린 엘리사의 능력과 애굽의 열 가지 재앙 모두 사람의 지혜와 능력으로 할 수 없는 기적이지만 사실 자체를 그대로 기록한 것이다. 이를 믿음으로 받지 못하면 결국 허황한 신화라고 생각하기 쉽다.

신약성경에 예수님이 물 위를 걸으시거나 소경의 눈을 뜨게 하신 일은 갓 병든 자를 치료하시며 죽은 자도 세 번이나 살리신 일 등 모두 인간의 지혜나 경험으로 측량할 수 없지만 사실 그대로 기록한 것이다.

그들은 많은 핍박을 받고 많은 어려움을 당하며 죽음의 위험이 찾아와도 굽히지 않고 진리를 전한 것이 성경이다.

성경을 불태운 아버지

"집사님 계십니까? 교회에서 심방 왔습니다."

그때 방문이 열리면서 40대의 건장한 모습으로 집사님은 반갑게 나를 맞이하셨다.

"전도사님 어서 오세요. 방으로 들어가시지요."

내가 김포 K 교회에 부임하여 처음으로 각 가정을 심방하며 성도들의 형편을 살피는 중이었다. 당시 K 동내는 시골 그대로 초라한 모습이었고 농사를 짓는 농민들이 대부분이었다.

집사님은 조그만 식탁을 내어 놓으시며 "여기에 성경을 올려놓으시지요." 하며 무릎을 꿇었다. 우리는 잠시 예배를 드린 후 집사님께 물었다. "집사님은 신앙생활하신 지 오래되셨어요?"라고 했더니 "네. 약 10년 정도 되었습니다. 제가 믿게 된 것은 아들놈 덕택입니다."라고 하시며 다음과 같은 이야기를 하셨다.

우리 아들 녀석이 중학교에 들어가 공부하는 학교가 기독교를 가르치는 학교여서 어느 날 책가방 속에 성경책을 가진 것을 보았습니다.

저는 크게 야단을 치면서 "이런 책을 가지고 다녀서는 안 된다. 우리

집은 대대로 내려오는 불교집안인데 너는 이런 것을 배워서는 안 된다." 라고 하며 성경책을 찢어서 불살라버렸습니다…….

사실은 아들이 다니는 학교가 기독교 계통 학교였거든요. 그리고 얼마를 지나서 혹시나 하고 다시 책가방을 열어보았더니 또 다시 성경책이 들어 있기에 화가 나서 찢으려다가 도대체 성경책에 무슨 말이 있을까 생각하며 펴서 읽기를 시작하였습니다.

그런데 생전 처음으로 제가 성경을 읽기 시작하면서 참으로 신기한 일은 예수님의 행적을 읽는 중에 너무 재미있고 흥미로운 내용이어서 나도 모르게 성경책 속에 빠져들었습니다.

말로만 듣던 기독교의 성경이 이런 책이었구나 생각하며 그날 이후 계속 성경을 읽기 시작하여 한 달 쯤 지난 후에는 성경 전체를 모두 읽게 되었습니다. 그리고 또 다시 읽기 시작하면서 몇 번이나 성경을 통독하게 되었고 나도 모르게 저는 기독교인이 되어버렸습니다.

그리고 저는 스스로 교회를 나가게 되었고 신앙생활이 시작되었지요. 그리고 우리 가정 온 식구가 모두 믿음으로 살아가게 되었습니다.

집사님의 거침 없는 간증을 듣는 중에 나는 너무나 놀라운 하나님의 성령의 역사를 보면서 이렇게 믿는 사람도 있구나 생각하며 하나님께 감사기도를 드렸다.

집사님은 예배에 빠지는 일이 없이 잘 참석하셨고 내가 그 교회에 시무하는 동안에 열심 있는 성도로서 충성스런 일꾼이었다.

하나님의 말씀은 살아있고 운동력이 있어 좌우에 날선 어떤 검보다도 예리하여 혼과 영 및 관절과 골수를 찔러 쪼개기까지 하며 또 마음의 생각과 뜻을 감찰하나니(히브리서 4:12) 말씀 그대로 되어진 것을 보면서 성경 말씀의 능력을 다시 한 번 깨닫게 되었다.

너그러운 마음

선지학교 기숙사에 있을 때 일이었다. 화장실에 들어갔을 때 용변기 안에서 연기가 모락모락 올라오면서 담배 냄새가 나는 것이 아닌가?

나는 순간적으로 화가 치밀었다. 하나님께 헌신하려고 선지학교에 온 학생이 담배를 피우다니 있을 수 없는 일이라고 생각되었다.

나는 화장실 밖에서 누구인지 확인하기 위하여 숨어서 기다리고 있었는데 화장실에서 나온 사람은 천만 뜻밖에도 나의 룸메이트 친구였다. 나는 더욱 의분이 올라와서 견딜 수 없었다.

그날 밤 기도하며 고민 하던 중에 다음 날 교무실을 찾아갔다. 그리고 기숙사 사감 목사님을 만나서 사실을 말씀드리고 저런 학생은 당장 퇴학 처분해야 한다고 말씀드렸다. 당시 내가 학우회장이었기에 말해야 된다고 생각되었다.

그런데 사감 목사님은 빙그레 웃으시더니 "그 학생의 어머니께서 입학 당시 부탁하신 일이 있다고 하시면서 좀 더 기다리며 그 학생을 위하여 기도해 줍시다."라고 하셨다.

나는 못마땅했지만 어쩔 수 없이 그를 위해 기도하며 참기로 하였다.

나는 무엇이든 철저하게 바른 신앙생활을 해야 한다고 생각되어 다른 사람에 대하여 너그러움이 부족했던 것 같았다. 그리고 그것이 나의 자만심 곧 교만인 것을 나중에야 깨닫게 되었다.

나를 장학생으로 도우시는 선교사님은 나의 그런 점을 귀하게 보시면서도 한편으로 염려하시면서 "미스터 구, 당신은 너무 완전주의를 추구하는 것이 염려스러워요. 사람은 누구나 실수도 하고 잘못할 수도 있답니다." 좀 더 너그러운 관용의 삶을 살아야 할 것을 가르쳐 주신 것이다.

그것은 내가 졸업할 당시 나도 실수를 한 적이 있었다. 선교사님은 나의 실수를 들으시고 "사람은 혹 실수할 때도 있지요. 앞으로 잘 하면 됩니다."라고 하시며 문제삼지 않으셨고 나를 도우시는 일에도 조금도 변함이 없었다.

결국 나는 마음에 새로운 결심을 하게 되었다. "나 자신에 대하여는 엄격하고 다른 사람에 대하여는 너그러운 삶을 살자"는 것이었다.

단체 사진 이야기

어느 수요일 예배 때 천국에 대한 설교를 하다가 성도들을 향하여 물었다.

“여러분 가운데 지금 바로 천국에 가고 싶은 분 계시면 손들어 보세요.”라고 했더니 40대의 아직도 젊고 우리 교회 최고 미인이라고 자타가 공인하는 J집사가 손을 번쩍 들고 “목사님 저요.” 하며 큰 소리로 대답하지 않는가? 나는 내심 놀라움을 금치 못하며 말했다.

“집사님 감사합니다. 내가 한 평생 목회하면서 이렇게 빠르게 확실한 대답을 들은 경우는 처음입니다.”라고 하며 집사님을 극구칭찬을 하였다.

그러나 나는 얼마 전에 온 협동목사인지라 교인들의 가정 형편을 잘 알지 못하기에 순간적으로 마음에 생각나는 것은 ‘저 집사님이 뭔가 가정적으로 남모르는 고민이 있지는 않을까? 겉으로 보기에는 행복해 보이지만 실상은 문제가 많은 분이기에 그런 대답이 스스럼없이 나온 것이리라’ 생각하며 관심을 가지고 가정 배경을 알아보고 싶었다.

그런데 내가 생각하고 염려하는 일은 J집사 가정에 전혀 해당되지 않았다. 돈 잘 버는 멋있고 믿음 좋은 남편과 집사님 못지 않은 예쁜 두 딸을 가진 행복한 가정이었다. 뿐만 아니라 잉꼬부부로 알려진 아무런 문제 없는 모두가 부러워하는 가정이었다. 교회 일에도 너무나 열심이 많아서 찬양대는 물론 식당봉사에도 열심이었고 모든 공 예배에 거의 빠지지 않고 참석하여 은혜받는 정말 모범적인 집사님이었고 잠언 31장에 나오는 현숙한 여인이 틀림없었다.

나는 그 동안 J집사와 마주치는 일이나 대화할 기회가 거의 없었고 젊은이들은 나이 많은 사람들을 싫어하는 경우가 많다고 생각되어 거리감을 느끼며 지나던 중 지난 7월 7일에는 J집사가 권사로 피택되어 취임식을 하였다.

5명의 새로운 권사 중 제일 나이 어린 막내로 세움을 받았다. 취임식에서 나는 기도 순서를 맡았고 모든 예식이 끝나고 기념촬영을 하게 되었다.

임직 장로, 은퇴 장로 · 권사 그리고 취임한 권사님들과 순서 맡은 목사님들 모두 사진촬영을 하는데 나는 키가 큰 편이어서 뒷자리에 서 있었더니 나를 향해 "목사님 앞자리로 오셔서 앉으세요." 하기에 할 수 없이 앞자리 의자에 앉았다

카메라맨이 촬영하려다 "왼쪽 마지막 분은 안쪽으로 들어가십시오."라고 하자 그곳에 서 있던 J집사가 "알았어요." 하며 안쪽으로 들어와서 "목사님 옆에 앉아야지." 하며 내가 앉은 장의자 팔걸이에 앉았다.

그리고는 스스럼없이 슬그머니 내손을 잡는 것이 아닌가? 나는 깜짝 놀라서 이대로 사진 찍으면 안 되는데 … 나는 평생 목회하면서 여자 성도들과 할 수 있는 한 악수를 하지 않는 것을 원칙으로 살았기에 염려가 되었다.

하지만 손을 뿌리칠 수도 없고 나이 많은 사람 옆을 젊은이들이 싫어하는데 옆에 앉아서 손까지 잡다니 … 한편 고마운 마음에 그대로 사진을 찍었다.

그리고 걱정이 되었다. 혹시나 성도들에게 덕이 되지 않으면 어쩌나, 사람들이 사진의 얼굴만 대강보고 손잡은 것 안 보았으면 좋겠다 …….

성도들이 수군거리지는 않을까? 내가 너무 소심해서인가? 온갖 생각을 했지만 이미 저질러진 일을 어쩔 수 없었다. 나는 모든 것을 하나님께 맡기기로 하고 그런 일이 문제가 된다면 은목교회로 가야겠다고 생각했다.

그런데 다음 주일 낮 예배 후 점심식사를 하러 식당엘 갔는데 J집사님이 나를 향해서 말했다

"목사님! 손잡고 사진 찍은 것 보셨어요?" 사람들 앞에 큰소리로 말하지 않은가?

너무 놀랍고 당황했다. 참으로 세대차이라는 게 이런 것인가 보다. 나는 웃으며 말했다

집사님 아니 권사님, 그 사진 보았지요. 그런데 그 사진 남편 집사님께 보여주면 안 되는데 … 라고 했더니 "목사님 제일 먼저 남편에게 목사님 손잡고 사진 찍은 것 봐봐 하며 벌써 보여 주었어요. 남편이 사진 잘 나왔네 하며 빙그레 웃던데요."

그때 나는 젊은 세대 사람들은 나이 많은 내가 생각하는 것과 완전히 다른 세대로구나 생각되었다.

그리고 다시 곰곰이 생각해 보니 내가 하나님 앞에 잘못한 것이 생각되었다. 하나님 제가 손잡은 것을 염려했던 것은 젊은 여자 손이라고 생각했기 때문이 아닌지요?

그러나 저 권사님은 나이 많은 아버지 같은 목사 손을 잡은 것이기에 저렇게 자랑할 수 있음을 깨닫습니다.

하나님 저의 부족을 용서해 주시기 원합니다. 나는 조용히 눈을 감고 고개를 저으며 깊은 생각에 잠겼다.

당나무 귀신 이야기

오래 전 포항 구룡포 장길리 교회에서 있었던 일이다.

신학을 공부하던 중 힘든 일들이 많아져서 1년간 휴학을 하게 되었는데 고향에 내려가 휴식의 시간을 가지는 중에 구룡포 장길리 교회에 1년간 목회를 하게 되었다. 시골 교회였지만 성도들이 오륙십 명 모이고 장로도 있고 아담한 벽돌 건물도 있는 교회였다. 교회에서 300미터 거리에 푸른 동해 바다가 출렁거리는 한 폭의 그림 같은 교회였다.

그 해 8월 말인가? 큰 태풍과 함께 폭우가 쏟아지던 날 동네사람들이 몇 백년간 제사지내며 섬기던 당나무가 넘어지면서 농로길이 막혀버렸다.

사람들은 길을 가로막은 큰 당나무 때문에 여간 불편한 것이 아니었는데 문제는 아무도 당나무에 손을 대지 않으려 했기 때문이었다. 당나무 가지 하나라도 꺾거나 건드리면 당나무 귀신이 노하여 큰 재앙이 오거나 가족이 병이 드는 일이 있다고 하여 두려워했다.

동네사람들이 고민하다가 얻은 결론이 교회를 찾아와서 당나무를 좀 치워주기를 부탁하려 한 것이다. 나는 당시 그 교회 전도사로 있었기에 부탁을 받고 쾌히 승낙을 했다. 하나님을 섬기는 사람은 당나무 귀신을 이기며 하나님이 지켜주신다는 것을 보여주고 싶었다.

부탁을 받은 즉시 교회 청년들과 함께 톱과 도끼, 낫 등을 준비하여 당나무가 있는 곳을 찾았다. 톱과 연장이 부족하여 동네사람들에게 빌리려 했지만 귀신이 해칠까 두려워서 아무도 연장을 빌려주지 않았다.

아침 일찍 8명 정도 청년들을 동원하여 당나무를 톱을 켜서 토막으로 자르는데 나무가 단단하고 커서 한 토막 자르는 데 4시간 이상 걸렸다. 당시에 전기톱 같은 것 있었다면 쉽게 작업할 수 있었겠지만 작은 톱으로 짜르려 하니 너무 힘들었다.

나흘이나 걸려서 겨우 토막난 나무들을 교회로 모두 운반하여 교회마당 한 모퉁이에 나무가 그득히 쌓였다. 교회에서는 겨울에 교회당 난로의 화목으로 쓰려는 것이었다.

내가 동네 앞 큰 길 이발소 앞을 지나는데 이발소 안에 있던 사람들이 수군거리는 소리가 들렸다. "두고 보면 알겠지만 멀지 않아 전도사도 교인들도 병이 나거나 재앙이 내려 큰 문제가 생길 겁니다." "암 분명히 그럴 거야." 그러나 그날 이후 한 사람도 재앙을 받거나 병이 나는 일이 없이 지났고 당나무는 도끼로 쪼개서 겨울에 교회 난로 화목으로 약 3년 동안 잘 쓸 수 있어서 너무나 감사한 일이었다.

돈 좋아하는 목사

김목사는 개척한 지 10년 정도 되는 작은 교회에 네 번째 목사로 부임했다. 1988년 봄이었다. 도로변 건물 2층에 보증금 천만원에 월세 15만원을 내는 교회로 첫 주일 예배에 39명 출석했고 그런대로 도움을 받지 않고 자립한 교회여서 감사했다. 예배실이 약 35평 정도 되었고, 장로는 없었지만 안수집사가 7명, 권사·집사 20여명으로 체계는 세워진 교회였다.

교회 개척 당시부터 있었던 권사님을 통해서 교회 역사와 지나온 일들을 대강 듣는 중에 권사님이 목사를 향해 웃으면서 질문을 하였다.

"목사님도 돈 좋아하세요?" 전에 계시던 J 목사님이 교회를 사임하고 미국으로 가시면서 교회 전 재산을 다 가지고 가셨거든요."

"어떻게 그럴 수가 있지요? 목회자는 물질욕심이 없어야 하는 것 아니에요?"

그런데 자초지종 내용을 다 들어보니 두 번째 시무하시던 목사님이 자기 집을 팔아 교회에 드렸다가 미국으로 이민 가시면서 가져가셨다는 것이다.

교회에 투자를 했다면 바친 것이나 다름없는데 모두 되돌려 가신 것이니 돈 좋아하는 목사라고 한 것이다.

세상에 돈을 싫어하는 사람이 어디 있겠어요? 그러나 하나님보다 돈을 더 사랑하지는 않습니다.

목사는 부임할 당시 사례비 매월 50만원 정해진 것을 교회 재정이 적자라는 회계집사의 말을 듣고 40만원을 받기로 했다. 다행히 부임한 이후 매월 50만원씩 흑자가 나게 되어 다행한 일이었다.

그러나 성도들이 목회자에 대한 인식이 너무 나빠져서 설교말씀에 은혜가 안 된다는 말이 상당 기간 동안 계속 되더니 점차 예배가 은혜로워지면서 교회가 평안해졌다.

김목사가 부임한 지 6년이 되었을 때 건물을 매입하게 되었고 모든 빚을 갚는 데 10년 이상 걸렸다. 교인 수는 100명 전후로 모였지만 그런대로 안정된 교회가 된 것 같았다.

김목사가 70세 정년 은퇴할 때가 되어 43년의 목회생활을 마감하려 할 때는 월 230만원 사례비를 받게 되었고, 본 교회에서 21년 이상 시무함으로써 원로목사로 추대받게 되었다.

김목사는 모아놓은 돈이 없었고 은퇴하면 이사해야 할 집도 없었다. 총회법은 원로목사로 추대가 되면 주택과 매월 생활비를 지급하되 담임목사 사례비의 3분의 2 정도 지급하기로 되었지만 작은 교회로서는 상당한 부담을 안게 되는 것이다.

김목사는 돈 좋아하는 목사라는 말을 듣지 않으려면 목회 마지막을 잘 마무리해야 할 것이라 생각하고 결심을 하게 되었다. 아무것도 받지 않고 물러가고 싶었지만 우선 이사할 곳이 없어서 교회에서 1억 전셋집을 마련해 주기로 하고 매월 생활비는 하나님이 주시는 대로 일용할 양식 만나를 기다리기로 하였다.

총회 결의대로라면 100만원 이상 매월 받아야 하는데 그렇게 하려면 돈 좋아하는 목사라는 별명이 또 붙게 되고 왈가왈부 말이 많아질 것 같았고 교회 형편이 어려웠기에 매월 받는 것은 포기하기로 했다.

목사 사모는 걱정스런 얼굴로 "여보, 우리 앞으로 어떻게 살아가요?" 물었다. 목사는 마태 7장의 말씀으로 대답했다. "너희는 무엇을 먹을까 염려하지 말라. 너희 천부께서 다 먹이시나니 ……."

정말 막연했지만 교회에서 생활비 오는 것 기다리기보다 하나님이 직접 주시는 일용할 양식 만나를 기다리기로 했다.

정말 은퇴 이후 벌써 8년이 되었지만 한 번도 돈이 없어 굶지 않았고 항상 부족함이 없이 채우시는 크신 은혜를 체험하게 되었다.

은퇴 후 2개월이 지나자 후배 목사가 찾아와 자신이 섬기는 교회로 모시겠다는 간절한 부탁으로 협동목사로 일하게 하셨다.

5년이 지난 후 또 새로운 교회에서 후배 목사가 남은 생애 자기가 모시고 싶다는 부탁을 받아 그곳에서 4년째 섬기고 있다.

건강하게 병나지 않게 하시고 너무 좋은 집을 얻게 하셔서 행복하게 살게 하시며 부족함이 없기 때문이다.

말씀의 은사를 주소서

나는 군 제대 후 꼭 10년을 학교에 다녔다. 의사는 6년 공부하여 사람의 육신을 치료한다면, 영혼의 의사가 되는 목사는 고등학교 졸업 후 7년을 공부해야만 목사가 될 수 있다는 총회법이 그러했기 때문이었다.

그런데 신학교 대학부 4년을 공부해도 성경진리를 잘 알지 못했다. 하나님의 말씀을 전하려면 말씀의 은사가 주어져야 하는데 나는 아직도 그런 은사를 받지 못한 것 같았다. 어느 날 나는 결심했다. 말씀의 은사를 받기 위하여 특별기도를 해야 한다는 생각이 들었다.

단순히 평범한 기도가 아닌 3일 간 금식을 하면서 하나님께 간구하기로 하였다. 기도원에 가지 않고 교회 사택에서 음식도 물도 마시지 않고 기도하려 하니 음식 냄새 유혹 때문에 힘들었다.

이틀 째 몹시 배가 고플 때는 기도도 잘 나오지 않았지만 사흘째 되는 날 저녁시간에 내가 교회당에 나아가 엎드렸을 때 내 마음이 뜨거워지고 눈물의 기도, 감사의 기도가 나오면서 심령이 환하게 밝아지는 체험을 가졌다. 신비하게도 신구약 성경의 진리가 훤하게 보이는 것이었다.

율법과 복음의 관계, 그리고 그리스도를 통한 구원의 진리가 밝히 깨달아졌다. 나는 친송을 부르며 하나님께 크게 감사기도를 드렸다.

그날 이후 성경 한 절만 읽어도 신구약 성경 전체와 연결되어지면서 설교할 말씀이 마음에 깨달아졌고 말씀에 대한 확신과 믿음이 더해지는 은혜의 마음이 주어졌다.

성경말씀의 핵심을 알게 되었고 설교할 말씀이 줄줄이 마음속에 깨달아지며 설교 준비하는 일이 아주 쉬워졌다.

심방을 가서도 필요 적절한 말씀이 마음에 떠올라서 말씀을 잘 전할 수 있었다. 나는 그날 이후 43년간 목회를 하면서 설교 때문에 걱정을 하는 경우는 거의 없었다. 하나님의 은총을 감사합니다.

맨발 목사의 설교

내가 군복무를 하던 시절 부대 앞 비행장 교회를 다녔다.

언제부터인가 교회 안에서 맨발 목사님에 대한 이야기로 수군거렸다. 김포공항 앞 방화리 동네에서 목회를 하시는 최춘선 목사에 대한 이야기가 교회마다 전파되었고 골목마다 모르는 이가 없을 만큼 퍼져 나갔다.

최목사님이 구두를 벗어주셨데……. 어제는 헐벗은 사람에게 옷을 벗어 주셨다니 참으로 대단한 분이시라네…….

공군 헌병대 있었던 나는 교회에서 이런 소식을 듣고 '한국에 성 프렌시스가 나타나셨는가?' 생각하며 교회 집사님들에게 좀 더 세밀한 소식을 들으려고 이영순 집사님께 물었다.

"집사님, 맨발 목사님이 누구시지요?"

"맨발 목사님 잘 모르세요? 근처에 개척교회 하시는 목사님이신데 5개국어가 능통하신 분이시래요. 일본에서 대학을 나오셨고 엄청 큰 부자이시신데 김포 비행장 앞 땅이 모두 그분의 소유라고 합디다."

"그런데 무엇 때문에 가진 것들을 그렇게 나누어 주실까요?"

"그건 저도 모르지요. 그분은 자신의 소유한 땅도 필요한 사람들에게 나누어주신다니까요.”

이영순 집사는 얼마 전부터 폐결핵에 걸려서 투병 중이었는데 성자 같으신 최춘선 목사님을 집에 모셔서 예배도 드리고 기도를 받으셨다고 했다. 얼마나 따뜻하고 친절하신 분이어서 누구나 초청하면 오시는 분이신데 며칠 전 오셔서 기도를 받고 큰 은혜를 받았다고 했다.

어느 날 나는 외출을 나왔다가 공항 앞 길에서 최목사님을 보게 되었다. 보통키에 얼굴이 한없이 온유하고 평화스러워 보이는 분이셨는데 수수한 옷차림에 맨발로 걸어가고 있었다. ‘아 … 저분이 맨발 목사님이시구나!’ 단번에 알아볼 수 있었다. 나는 한참 동안 그분이 보이지 않을 때까지 서서 물끄러미 바라보다가 부대로 들어갔다.

그 후에 어쩌다가 한 번씩 서울에 외출 나갔을 때 맨발에 이상한 모자를 쓰시고 전도에 대한 글을 쓴 네모진 휘장을 들고 맨발로 다니시며 전도하시는 최목사님을 뵌 적이 있었지만 제대를 하게 되어 고향으로 돌아갔다.

나는 제대 후 신학을 공부하게 되었고 목사가 되어 신림동에서 목회를 했다. 종로에 볼 일이 있어서 버스를 타고 가던 중 용산 역 앞에서 맨발 목사님을 보게 되었다. 옷에 주렁주렁 무엇인가를 써서 붙이고 손에는 십자가 막대기와 네모진 현수막 같은 것을 들고 여전히 전도하시는 모습을 보았다.

나는 지체 없이 버스에서 내려 길을 건너 맨발 목사님께로 다가갔다.

“최목사님 안녕하세요? 목사님은 저를 모르시지만 저는 목사님을 압니다. 저는 신림동에서 목회하는 목사입니다.”라고 했더니 최목사님은 손을 내밀어 자연스럽게 악수를 나누었다.

“목사님 저희 교회 한 번 오셔서 설교해 주십시오. 꼭 오셔야 합니다.”

라고 하자 "서울에서 나를 초청하는 목사가 있다니 참으로 놀라운 일이구만" 하시며 허락을 하셨다.

"주일 오후 예배가 7시 30분부터 시작됩니다. 목사님께서 5시까지 오셔서 저녁식사하시고 설교하시면 됩니다."

약속과 함께 전화번호를 나누었다.

얼마 후 정해진 날짜에 최목사님은 우리 교회를 찾아오셨다. 그리고 나를 만나자 우편엽서 같은 카드를 꺼내셔서 그곳에 성프렌시스의 기도문을 쓰셔서 나에게 주셨다. 역시 목사님은 프렌시스의 영향을 받으셨구나 생각하면서 카드를 받았다.

주일 저녁예배의 목사님 설교는 45분 정도의 좀 긴 설교였다. "목사님은 왜 교회 목회를 않으시고 로방전도를 하시는지요?"라고 질문을 했을 때 "사람은 누구나 각각 은사대로 일하는 것이요."라고 하셨다.

나는 왜 최목사님이 교회 목회를 하지 않으시고 길거리 전도자가 되셨을까가 궁금증이었는데 그날 설교를 들으며 목사님은 말이 아닌 생활로 설교하시며 주님의 모습을 보여주시는 분이라는 것을 깨달았다.

그 후 수년이 지난 어느 날 목사님께서 소천하셨다는 소식을 듣고 묵념하며 영원한 안식에 들어가심을 감사하였다. 수십년간 평생을 여름이나 겨울이나 맨발로 다니시며 전도하시던 일을 마치셨기에 감사한 것이었다.

목사와 걸인

'딩동' 교회당 이층 사택 초인종 소리가 울렸다. 오래 전 개척교회를 시작했을 때 있었던 일이었다.

"누구세요?" 김목사가 수화기를 들었더니 "저 목사님 뵙고 상담드릴 일이 있는데요."

김목사는 십중팔구 구걸하는 사람이 온 것을 직감하고 천원짜리 한 장을 준비하여 현관으로 가서 문을 열었다. 그곳에는 머리를 박박 깎은 건장하고 험상궂은 젊은이가 서있었다.

"목사님 나 한 달 전에 출소했습니다. 직장도 못 구하고 살길이 없어 이렇게 찾아왔습니다. 좀 도와주시오."

젊은이는 목사를 향해 깡패처럼 무서운 표정을 지으며 협박조로 말했다. 김목사는 준비한 천원짜리 한 장을 얼른 내밀며 말했다.

"죄송합니다. 보시다시피 조그만 개척교회라 천원밖에 못드립니다." 젊은이는 달갑지 않는 표정으로 말했다.

"목사님 천원짜리 한 장 가지고 뭘 합니까. 만원짜리 한 장이라도 주셔야 밥이라도 한 끼 사먹지요."

"미안합니다. 하루에도 여러 명이 찾아오는데 그렇게 할 수가 없네요." 걸인은 천원짜리를 받아서 못마땅한 듯이 갔다.

때로는 천원짜리 한 장을 주어도 "너무나 고맙습니다. 복 받으실 겁니다."라고 하며 여러 번 인사를 하고 가는 사람도 있었다.

그런데 가장 힘든 일은 과도한 요구를 하며 협박하는 경우가 자주 있다.

유명한 깡패 출신인 L 목사는 어느 날 교회당을 찾아온 걸인에게 천원짜리 한 장을 내밀었더니 목사님을 째려보면서 "내가 거지요? 이렇게 큰 교회에서 천원이 뭐요?" 하며 받지 않으려 하자 L 목사는 순간적으로 걸인의 멱살을 움켜잡고 "내가 누군 줄 알고 까불어. 옛날 같으면 너는 벌써 죽었어." 하며 흔들어 대자 걸인은 새파랗게 질려서 도망갔다는 이야기도 들었다.

그러나 목사로서 해서는 안 되는 태도라고 생각된다. 목사 사택이 교회 울타리가 아닌 다른 곳에 있을 때는 찾아오는 걸인들이 거의 없지만 교회당 안에 있을 때 힘이 들기 마련이다.

김목사는 어느 초겨울 날 한쪽 손이 없어 철 꼬꾸라미를 한 걸인에게 천원짜리 한 장을 내밀었더니 어림없다는 듯이 강경하게 말했다.

"이게 뭡니까? 지금 날씨가 추워 연탄을 들여놓아야 하는데 오만원만 주십시오" 하면서 안으로 들어와 돈을 주지 않으면 가지 않겠다는 태도로 자리에 앉았다.

김목사는 순간 지혜로운 생각이 났다

"연탄을 들여놓아야 한다면 어디에 사시는지요?"라고 물었다.

걸인은 "시장 옆 장애인들이 사는 곳입니다. 여러 명이 단체로 살고 있습니다."

"네 그렇다면 정확한 주소를 알려주십시오. 우리가 교회에 의논해서 연탄을 배달해 드리고 싶습니다"라고 했더니 주소를 대지 못하고 기분 나쁘다는 듯이 나가버렸다.

김목사는 걸인들을 위하여 항상 천원짜리 몇 장씩 지갑에 준비하고 다닌다. 특히 주일날 걸인이 찾아오는 경우가 많기에 어떠한 실랑이를 하지 않고 빠른 대처를 위함이다. 어느 주일 낮 예배 후 걸인이 도움을 요청하러 왔었는데 당시 현역 육군 중령 집사와 말다툼이 벌어진 것이다.

결국 언성이 높아지고 걸인을 끌고 밖으로 나가 혼을 내주고 보냈다는 말을 듣고 김목사는 크게 후회가 되었다.

찾아오는 걸인이 천사일 수도 있고 예수님일 수도 있다는 생각에 박대하지 않도록 교인들에게 당부를 하였다.

이튿날 새벽 교회 입구에 걸어둔 대형 거울을 누군가가 산산조각 깨뜨려 놓은 것을 보고 누가 그랬는지 짐작이 가면서 마음이 아팠다.

"내가 진실로 너희에게 이르노니 너희가 여기 내 형제 중에 지극히 작은 자 하나에게 한 것이 곧 내게 한 것이니라 하시고."(마태25장)

십일조 백만원 봉투

내가 섬기는 교회는 작은 교회이지만 새벽기도회 예배는 매일 드린다. 새벽마다 적을 때는 십여명, 많을 때는 20여명 정도 모여 예배를 드린다. 그 중 타교인들이 절반 정도 되는데 그 중에 연세가 많은 권사님 한 분이 계신다.

섬기시는 교회가 멀어서 새벽에는 우리 교회에서 예배드린 것이 여러 해가 되었다. 사실은 그 권사님의 시간을 맞추느라 목사는 조금 힘이 들었다. 새벽 5시에 예배를 드리는데 권사님은 4시 30분이면 틀림없이 교회에 나오시기 때문이다. 어떤 날 목사가 깜박하여 늦게 나갈 때면 교회당 문 앞에 서 계신다.

5시 10분 전 쯤 오시면 좋을 텐데 … 생각하지만 그렇게 말씀드릴 수도 없었다. 목사는 처음 나오는 교인보다 앞서 나오고 마지막 나가는 성도를 보낸 후에 교회 문을 잠그고 사택으로 돌아간다.

큰 교회에는 유급 관리집사님이 있어서 편하지만 작은 교회는 목사가 관리자 역할을 해야 한다. 권사님은 괜찮게 사시는 분인지 모르나 이따금씩 봉투에 감사헌금을 담아 아랫 강대상 위에 올려놓곤 하셨다. 목사는 예배시간에 봉헌기도를 드린 후 보관했다가 주일 낮 예배 시에 교회에 바친다.

어느 날 권사님이 새벽예배를 마치고 6시가 넘어도 가시질 않고 계속 머물러 계셨다. 평소에는 6시 전에 기도를 마치고 가시는데 그날따라 늦게까지 계셔서 목사에게 무슨 하실 말씀이 있으신가 생각하여 기도를 끝내고 일어났더니 기다렸다는 듯이 권사님이 "목사님" 하고 불렀다.

"권사님 안녕하세요? 무슨 하실 말씀이라도?" 했더니 하얀 봉투를 내밀면서 목사님 이것은 수원에 사는 우리 딸의 십일조인데 교회에 알리지 마시고 목사님께 드립니다. 생활도 어려우신데 유익이 되시기 바랍니다.

목사는 이전처럼 강대상에 올려놓으시면 되는데 늦게까지 기다리셨다가 주시는 것을 보면 작은 교회 목사의 생활을 염려하여 주신 것이로구나 생각하고 별 생각 없이 "예 알겠습니다, 기도하겠습니다." 하고 받아서 사택으로 돌아왔다

그런데 사택에 와서 봉투를 열어보자 깜짝 놀랐다. 거기에는 현금 백만원이 들어 있었기 때문이다. 고민이 되는 것은 목사가 교회를 거치지 않고 바로 십일조를 받아서 되겠는가? 구약성경에 보면 십일조는 제사장 몫이라고 했지만 목사가 구약시대 제사장도 아닌데 내가 그냥 사용해도 되는가? 마음이 편하지 않았다. 월요일 새벽에 받은 십일조 백만원 때문에 한 주간 계속 마음에 갈등이 생겼다. 결국 목사는 마음에 갈등이 오는 것은 바르지 않다고 생각하여 그냥 교회에 바치기로 결심했다.

돈 100만원 때문에 마음이 편치 않다면 차라리 바쳐야 한다는 마음으로 주일 날 교회에 무명씨로 바치고 나니 홀가분한 마음이 기뻤다. 목사는 잘했다고 생각했다.

그 후 두 달 쯤 지났을까 다시 한 번 권사님이 70만원 봉투 십일조를

같은 방법으로 주시기에 이번에는 고민 없이 그대로 교회에 바쳤더니 재정부에서 누가 헌금한 것인지를 물었다.

목사는 재정부에만 사실 그대로 이야기를 하였더니 목사님께 드린 것 같은데 … 하면서 30만원인가를 "목회비로 쓰십시오." 하며 목사에게 주었다. 목사는 하나님께 감사드리고 권사님과 따님을 위하여 기도드렸다.

보조 교사

주일 예배를 마치고 나갈 때 담임목사님은 내손을 잡으시면서 "우리 교회에 나와 주셔서 감사합니다. 교회에서 봉사도 좀 하시지요?" 하고 말씀하셨다.

"목사님 감사합니다. 실은 제가 주일학교 교사로 일하고 싶어요."라고 대답하자 목사님은 유년부 부장 정집사님을 부르시며 "집사님, 구선생을 유년부 교사로 일할 수 있도록 해 주시지요." 집사님은 즉시 "알겠습니다. 그렇게 하겠습니다."라고 말씀하셨다.

그러나 다음 주일 부장 집사님이 나에게 하신 말씀은 "지금은 교사로 일할 자리가 없습니다. 앞으로 자리가 나면 알려 드리지요." 난처한 모습을 지으며 말씀하셨다.

내가 D교회에 출석한 지 한 달 정도 밖에 안 되었고 신학을 공부하는 목사 지망생인 것도 모르는 상황에서 금방 일을 맡길 수는 없을 것이라 생각되었다.

순간 나는 예상했던 일인지라 "저 … 보조 교사로 일하면 어떨까요? 제가 아이들 신발정리도 하고 떠들지 못하게 관리도 하고 싶습니다." 했더니 부장 집사님은 활짝 웃으면서 "보조 교사로 일하시는 것은 가능합니다. 앞으로 자리가 날 때까지 그렇게 해 주십시오."

그날 이후 나는 보조 교사가 되어 주일날 어린이 예배에 참석하여 섬기게 되었다.

한 달 쯤 지난 어느 날 어린이 예배시간에 뒷자리에 앉은 나에게 부장 집사님이 오시더니 귓속말로 "구선생님, 오늘 동화 순서를 맡은 선생님이 빠지셨어요. 갑자기 부탁해서 죄송하지만 동화 하나 해 주실 수 있는지요?"

나는 즉시로 "그렇게 하겠습니다." 나는 즐거운 마음으로 동화를 하게 되었는데 새로운 선생님이어서인지 떠들던 아이들은 쥐죽은 듯 조용하게 이야기를 들었다.

예배를 마치자 교사들 모두가 수군거리더니 부장집사님이 나에게 다가오셔서 구선생님 4학년 반이 11명이나 되어서 절반을 나누기로 했습니다. 선생님께서 다섯명을 맡아주시기를 바랍니다. 그날 이후 나는 정식 교사가 되었고 그해 말에는 주일학교 총무가 되었다.

그리고 새해가 되었을 때 나는 목사님께 말씀드렸다. "목사님 제가 말씀을 다 못드렸는데요. 실은 00신학교를 다니는 학생입니다. 죄송하지만 새해부터는 다른 교회 교육전도사로 가야 할 것 같습니다. 목사님 이해해 주십시오."라고 했다.

다음 주일 목사님은 나를 부르시더니, "구선생, 우리 교회 장로님들과 의논했어요. 구선생을 우리 교회 교육전도사로 모실려고 합니다. 우리 같이 일해 봅시다."

나는 뜻밖에 보조 교사에서 전도사가 되었고 당시 150여명 모이는 교회여서 친구 전도사들보다 과분한 대접을 받으면서 일하게 되었다. 할렐루야!

빳다 다섯대

11전투 비행단 헌병대에 새로운 소대장이 부임하였다.

부임하자 바로 네모돌이라는 별명이 붙었다. 작달막한 키와 당찬 모습에 얼굴이 사각형으로 생겼기 때문이었다. 그가 부대 내에서 걷는 모습도 마치 로보트가 움직이는 듯한 절도 있고 다부진 걸음걸이였다.

지금까지는 일반병 출신의 소대장이 있었지만 이번에 부임한 소대장은 사관출신이어서 모두들 긴장하지 않을 수 없었다. 사관출신은 모든 일에 규정대로 인정사정없이 처리하기 때문이었다.

그가 부임한 지 일주일만에 제2내무반 전원 집합명령이 떨어졌다. 제2내무반 24명의 대원들은 긴장된 모습으로 헌병대 본부 앞에 집합했다. 꼭 다문 입술에 단춧구멍처럼 옆으로 찢어진 날카로운 눈으로 병사들을 주시하고 있는 소대장 앞에서 병사들 모두가 조금은 떨고 있었다.

"한 놈도 빠짐없이 다 모였나?" 소대장이 소리지른 후 앞줄부터 번호…! 하고 외치자 하나 둘 셋 번호가 시작되었고 정확하게 스물넷으로 끝났다.

소대장의 훈시가 시작되었다. "내가 부임 한 후 너희들의 일거수일동작을 주시하였다. 그런데 어젯밤 부대 후문으로 무단이탈하여 술을 마신 놈들 사고를 친 것을 내가 알고 있다. 그놈들이 바로 제2내무반 놈들인 것을 알고 있다. 나는 그놈들을 가려서 처벌을 할 수도 있지만 그 사고는 2내무반 전체가 책임질 일이라고 생각한다. 한 사람의 실수로 부대 전체가 몰살당할 수 있기 때문이다. 오늘 너희들 모두 벌을 받아야 한다. 내무반장은 어떻게 생각하나?"

제대를 몇 개월 앞둔 김병장에게 물었다.

김병장은 미리 준비했다는 듯이 큰 소리로 "소대장님 말씀이 옳으십니다. 그러나 한번만 용서해 주시면 제가 다시는 이런 일이 없도록 교육하겠습니다."

그러나 소대장은 "이미 저지른 일에 대하여는 책임을 면할 수 없다. 엎질러진 물을 어떻게 다시 담을 수 있겠는가."

소대장의 손에는 공군 침대의 부속품인 묵직한 각목을 들고 있었다. "앞 줄부터 한 놈씩 차례대로 나와 엎드려 뻗쳐!" 소대장은 침대 몽둥이로 엉덩이를 치기 시작하였다. 하나 둘 셋 넷 다섯 ! 병사들의 입에서는 신음소리가 터져 나왔다.

침대 몽둥이로 세 대까지는 견딜만 하지만 다섯 대는 너무 통증이 심한 것이다. 나는 대열 중간 쯤 서있었기에 내 차례가 다가오는 것을 보며 심히 아픈 고통을 각오하고 두근거리는 가슴을 달래며 기다리고 있었다.

그때 내 바로 앞에 고참인 박병장이 서있었고 내 뒤에도 서병장이 서있었다. 드디어 내 차례가 되었을 때 내 뒤에 서있던 고참인 서병장이 나를 향해 "너는 가만있어! 나가지 마!" 하며 나를 밀치고 자기가 앞서 나가는 것이 아닌가?

나는 얼떨결에 나가지 못하고 서 있었다. 서병장이 빳다를 맞고 들어오는 순간 내가 다시 나가려 했지만 그 다음 고참이 "넌 나가지 마!" 하며 나를 제치고 자기가 나가서 빳다를 맞고 들어오는 것이었다.

그때 서병장이 귓속말로 "구일병, 너는 아무런 잘 못이 없다. 너는 빳다를 맞지 않아도 된다."고 하며 결국 나는 그날 빳다를 면하게 되었다.

마지막까지 다 맞은 후 소대장은 병사들을 향하여 말했다. "안 맞은 놈 없어?"

그것은 마치 나를 향하여 빠진 놈을 다 알고 있다는 음성으로 들렸다.

그 때 서병장이 내 뒤에서 말했다 "야 가만히 서있어." 나는 꼼짝없이 서 있었다

이때 소대장이 말했다. "오늘은 이 정도로 기합을 주고 마친다. 다음에 또 이런 일이 있을 때는 더 가혹한 징벌이 있을 것이다. 알겠나?"

병사들은 큰 소리로 "예"라고 대답했다.

나는 그날 어떻게 빳다를 맞지 않았는지를 생각해 보았다.

그것은 부끄러운 말이지만 내가 교회를 다니며 정말 성경대로 살아가려고 힘썼기 때문이라고 생각되어졌다. 당시 가장 청소하기 어려운 것이 화장실 청소였다

수세식이 아니었기에 냄새도 지독했지만 더욱 힘든 것은 말할 수 없이 더러웠기에 모두들 화장실 청소를 꺼리고 있었다. 나는 이따금씩 남몰래 화장실 청소를 하였고 결국은 나의 행동이 알려졌기 때문이었다.

그리고 나는 주일날이면 꼭 기지 교회에 나가 예배를 드렸고 한 방울의 술도 마시지 않았으며, 한 개피의 담배도 피우지 않았기 때문이다.

수시로 내무반 청소를 하였으며 특히 남이 보지 않을 때 은밀히 한 것이 결국은 다 알려지게 되고 모든 내무 반원들에게 인정을 받았던 것이다.

어느 날 내무반장님이 내가 청소하는 것을 보고 하지 못하게 하고 다

른 사람들에게 시키면서 말했다. "너희들도 구일병처럼 좀 해보란 말이야…" 하며 칭찬하였다.

하나님께서는 나를 요셉처럼 사랑하시고 항상 함께 하셔서 작은 일에도 지키심을 피부로 느낄 수가 있었다. 나는 그날 감사기도를 드렸다.

"주님 저를 사랑해 주셔서 감사합니다. 사람들의 호의와 사랑을 받게 해 주셔서 감사합니다. 나로 하여금 주님 영광 위해 살게 하소서. 아멘"

삼위일체 교리란 무엇인가?

기독교 교리 중에 삼위일체 교리가 있다. 그러나 성경에 직접 삼위일체라는 용어는 없다. 그러나 삼위일체라고 할 수 있는 내용의 말씀들이 있다.

삼위일체란 성부 하나님과 성자 예수님 그리고 성령님은 동질이시고 동등이시며 세 분이시지만 한 본체이시고(빌2:6), 한 분이시나 세 위격을 가지신 하나님을 삼위일체(Trinity)라는 말로 표현한다.

예수님께서 친히 하신 말씀 중에 나와 아버지는 하나이니라(요한10;30-31)고 하셨고, 이사야9장 6절에도 예수님의 탄생을 예언한 말씀 중에 그 이름은 기묘자라 모사라 전능하신 하나님이라 영존하시는 아버지라고 하심으로 예수님을 하나님처럼 표현한 말씀이 있다.

빌립보2장 6절 말씀에도 예수님은 근본 하나님의 본체시라고 했고, 예수님 제자 도마가 부활하신 예수님을 향하여 진실로 '나의 주시오. 나의 하나님이십니다.'라고 고백하였다. 만일 예수님이 하나님과 같은 분이 아니셨다면 "도마야. 네가 어찌하여 나를 향해 하나님이라 하느냐."고 책망하셨겠지만 예수님은 "네가 나를 보고도 믿지 못하느냐. 보지 않고도 믿는 자는 더 복되다."라고 하셨다. 이와 같이 하나님, 예수님, 성령님은 어떻게 그럴 수가 있을까.

삼위일체 교리는 신비이기에 인간의 지혜로 측량할 수 없다. 다만 그대로 믿어야 한다. 혹 어떤 이들은 태양을 가지고 설명을 한다. 태양은 하나이지만 태양 자체와 열과 빛이 공존하는 것과 같다는 것이다.

그러나 꼭 맞는 비유는 아니다. 어떤 이는 꽃을 가지고 설명을 한다. 하나의 꽃에는 꽃 자체와 향기와 색깔이 있어서 하나의 꽃이라 설명하지만 그것도 삼위일체 교리를 제대로 설명한 것은 아니다. 그러면 어떻게 믿을 수 있는가?

유명한 초대교부 터틀리안은 말하기를 '나는 왜 믿는가? 그것이 불합리하기 때문이다'라고 했다. 이는 인간의 지혜로 설명할 수는 없지만 믿어야 한다는 것이다. 그가 삼위일체라는 용어를 제일 먼저 사용한 신학자였다.

이러한 성경말씀들을 기초하여 주후 325년 니케아 종교회의에서 '예수님과 하나님은 동등이시고 동질이시며 하나이시다'라는 결의를 하게 되어 삼위일체 교리가 공인된 것이다. 따라서 성부와 성자와 성령님은 하나이시라는 교리가 탄생하게 된 것이다. 그러나 세 분의 하나님이 계시는 것이 아니라 성부, 성자, 성령 삼위가 계시지만 하나님은 한분이신 신비한 사실을 믿는 믿음이 필요한 것이다.

태양이 매일 아침 어떻게 떠오르는지 알 수 없지만 사실이기 때문에 믿는 것처럼 성경말씀의 모든 신비도 그러하다. 사실이기에 믿어야 한다.

이스라엘 성지를 다녀온 후

나는 이스라엘 지역 성지순례를 1990년과 2005년 두 번 다녀오면서 성경이 사실이라는 것을 확신할 수 있었다. 미리 성지를 나름대로 연구하고 갔기에 더 세밀하게 볼 수 있었다.

정말 성경대로인가? 살펴보면서 성경은 꾸민 이야기가 아닌 사실임을 확신하게 되었다. 그리고 예수님의 행적을 따라 성지를 걸을 수 있다는 것이 너무나 놀랍고 감사했다.

특히 갈릴리 바다를 배를 타고 운행하면서 감명이 깊었고 생각보다 큰 호수임을 보고 놀랐다. 예수님이 들어가셔서 강론하셨던 가버나움 회당도 보았고 회당의 크기를 줄로 제어보기도 하였다.

예루살렘 성곽도 보고 다윗이 맨발로 아들에게 쫓겨갔던 기드론 시냇길도 걸어보면서 그 길이 좁고 험한 것을 알았다.

예수님이 기도하셨던 감람산과 몇천년이나 되었다는 감람나무도 보며 마태나 마가, 누가, 요한이 사실 그대로 성경을 기록했는지도 알게 되었다.

그들이 왜 성경을 기록했을까? 책을 팔아서 돈 벌기 위함인가? 절대로 아니다. 그들이 그것을 기록해서 유명한 작가가 되려는 것도 아니다. 다만 그것을 기록하여 남김으로써 읽는 자들이 예수님은 참으로 하나님의 아들이시며 세상의 구주이심을 믿고 구원함을 얻게 하려고 위험을 무릅쓰고 기록했고 그 말씀을 증거하다가 순교한 것이다.(요한20;31절)

성경은 논리적으로나 과학적으로 합리적인 것만을 기록한 것이 아니다. 사실 자체를 그대로 기록한 것뿐이다. 그것을 믿거나 믿지 않는 것은 독자에게 맡길 뿐이다. 다만 믿는 자는 구원함을 얻고 믿지 않는 자에게는 하나님의 진노와 심판이 있을 뿐이다.

극동방송 주체로 성지순례를 다녀왔더니 방송국에서 성지순례에 대한 대담하는 방송을 하려고 나를 초청하였다. 방송을 하면서 "성지순례한 소감이 무엇입니까?"라고 질문했을 때에 나의 첫 마디가 "그 동안 거짓말 설교 많이 했습니다."라고 했다. 사회자가 놀라며 묻기를 "목사님 그게 무슨 말씀입니까?" 하고 되물었을 때, "사실 성지순례를 다녀오기 전에는 성경을 잘못 이해한 것이 많았거든요. 예를 들면 예수님 탄생 시에 들에서 양치던 목자들에게 천사가 나타났다는 것을 실제로 가보니 빈들이 아니라 산비탈이었던 것을 알았습니다. 예수님이 탄생하신 말구유도 우리나라 마굿간 생각만 하고 설교를 했는데 그곳에 가보니 지하에 마굿간이 있었습니다."

그 외에도 성지순례를 다녀 온 후 성경을 이해하는 데 크게 도움이 되었고 성경이 사실을 기록했다는 확신이 와서인지 더욱 힘 있는 설교를 하게 되었다

성탄절에 받은 선물

금년 성탄절에도 우리 교회에서는 오전에 성탄예배 드리고 오후에는 성탄절 축하 순서들이 있었다. 서울 상도동에 있는 우리 교회는 약 150명 정도 모이는 작은 교회이다. 은퇴목사인 나는 이 교회에서 4년째 성탄을 맞이하면서 해마다 특송을 하였는데 금년에는 쉬고 싶어서 사회자에게 미리 아무런 순서도 시키지 말아 줄 것을 부탁하였다.

약 한 시간 이상 순서들이 진행되면서 이따금씩 담임목사와 사모님 그리고 몇 사람에게 행운권 추첨을 하게 하였고 모두들 선물을 받고 즐거워하며 분위기가 절정에 이르렀다.

마지막으로 사탕을 예쁘게 연결해서 만든 목걸이를 걸어주는 순서가 있었는데 처음 해 보는 것이어서인지 인기가 대단했다. 몇 사람들에게 사회자가 지명해서 목걸이를 걸어주었고 끝으로 담임목사에게 걸어주면서 박수갈채가 울려퍼졌다. 이전 같으면 은퇴목사인 나에게도 걸어줄 만한데 나의 부탁 때문인지 끝까지 아무런 선물도 받지 못하고 마치게 되는가 했다.

이때 갑자기 뒷자리에 앉아 있던 자타가 공인하는 40대의 우리 교회 최고 미인 공주 정권사가 벌떡 일어나서 사회자가 부르지도 않았는데 빠른 걸음으로 뚜벅 뚜벅 앞으로 걸어 나왔다.

성도들은 모두 의아한 표정으로 정권사를 바라보는데 왼쪽 앞자리에 앉아 있는 담임목사에게로 가더니 다짜고짜로 목사님이 받은 사탕목걸이를 내어놓으라고 하지 않는가? 담임목사가 머뭇거리면서 웃고만 있는데 … 강제로 목걸이를 벗겨서 가져가는 것을 보고 성도들은 웃음보가 터졌다. 나는 속으로 무슨 이유인지? 좀 심하다고 생각하였다.

그런데 더욱 놀란 것은 그 목걸이를 오른쪽 앞자리에 앉은 나에게로 가져오더니 "구목사님이 받으셔야 해요. 제가 걸어드릴께요." 하며 받지 않으려는 나에게 억지로 걸어준 것이었다. 성도들은 박수를 치며 웃었고 나는 정권사의 순간적으로 재치 있고 용기 있는 태도에 놀라서 어쩔줄을 몰랐다. 아마 나이 많은 내가 많이 외로워보였던 것 같다.

정권사는 언젠가 내가 수요예배 설교 때에 "지금 천국가고 싶은 분 손 들어보세요."라고 했더니 즉시 손을 번쩍 들며 "저요!" 하던 믿음 좋은 집사였고 지난 6월에는 임직식 단체사진을 찍으면서 나의 옆자리에 앉아 내 손을 잡고 사진을 찍어 놀라게 하더니 이번에는 엉뚱한 행동으로 또 다시 놀라게 한 것이다.

담임목사에게는 미안했지만 나에게는 정말 즐겁고 행복한 선물이었다. 정권사는 멋진 남편과 두 딸을 가진 행복한 가정의 주부이며 직장인이다. 그리고 목걸이를 뺏기고도 웃음을 지을 수 있는 담임목사의 인격이 귀하다고 생각되었다.

교회 승합차

우리 교회 12인승 승합차가 교회의 공용차 및 나의 자가용이었다.

사람들은 종종 나에게 물었다. 목사님 승용차 구입 왜 하지 않으시지요? 그러나 나는 "승용차보다 더 좋은 승합차를 타고 다닙니다."라고 대답하였다.

친구 중에 교회에서 중형차를 사주려고 했지만 거절하고 그렌져 아니면 안 된다는 목사가 문제가 되어 어려움을 당한 목사도 있었다.

우리 교회 연세 많으신 권사님이 목사의 승용차가 없음을 염려하시면서 천만원 정도 자가용 구입헌금을 하셨지만 나는 끝내 승용차 구입을 하지 않았다. 그것은 승용차 운영비가 만만치 않게 들어야 하고 주차장 시설이 부족했기 때문이었다.

나는 승합차를 즐겨 타고 다니면서 안마차라고 자랑을 했다. 그것은 안마의자에 앉으면 진동이 오는 것처럼 승합차를 타면 진동이 심하였기에 안마차라 생각했고 공간이 넓어서 좋았다.

목회자들은 이따금씩 중요 모임에 갈 때에 승합차를 몰고 가면 주차하기 힘들 때가 많고 때로는 업신여김을 받는 일도 있다는 것이었다. 그러나 나에게는 그런 모임에 갈 일이 별로 없었고 혹 있다고 해도 전혀 개의치 않고 갔기 때문이다.

몇 년 후 승용차 구입헌금하신 권사님 가정에 심방을 갔더니 "목사님 왜 승용차 구입 안하셨어요? 새차 구입이 힘드시면 중고차라도 구입하셔요." 하시면서 또 다시 800만원인가를 나에게 주시겠다고 하셨지만 나는 거절하였다. 권사님의 정성은 너무 고맙지만 "저는 승합차가 더 좋습니다."라고 하며 승용차 구입을 하지 않았다.

그래서 나의 별명이 봉고맨이라고 할 만큼 나는 승합차를 좋아했다. 특히 여름 휴가 때면 승합차에 텐트와 야영도구를 싣고 가면 아주 좋았다. 내가 탄 승합차 이름은 처음엔 봉고차, 다음은 베스타, 그 다음이 그레이스 그리고 스타렉스를 탔다.

그러나 내가 은퇴할 때 조금은 서운한 마음이 들었다. 나는 승용차 한 번 몰아보지 못했구나 ……. 그러나 마지막 날 하나님 앞에 설 때에 승용차를 타지 않았다고 하나님께 책망받지는 않으리라 …….

시몬 목사의 성탄절

"여러 성도님들 금번 성탄절에 두 가지 일을 꼭 해야 합니다. 그 첫째는 이 세상에 구세주 예수님이 탄생하셨음을 알리는 일과 두 번째는 하나님의 사랑을 생각하며 어려운 이웃에게 구제함으로써 사랑을 베풀어야 합니다." 성탄절을 앞 둔 주일 예배 설교였다.

시몬 목사는 자신이 설교를 하고 자신도 선을 행해야 할 텐데……. 어떻게 할까 생각하다가 월요일 새벽기도회에 나가서 기도하던 중에 하나의 방법이 떠올랐다. 그것은 좋은 메시지가 담긴 전도책자에 돈을 얼마씩 넣어서 서울역 지하도에 있는 노숙자들에게 나누어 주면 좋겠다는 생각을 하게 되었다.

서울역 지하도에는 수많은 노숙자들이 있기에 3,000원씩만 넣어도 100명 정도 나누어 주려면 30만원이 있어야 한다. 시몬 목사는 작은 책으로 된 가장 맘에 드는 전도지에 3,000원씩 넣기 시작했다. 미리 은행에서 1,000원짜리 지폐를 준비한 것이었다.

그리고 그 책자를 가방에 넣어서 저녁 6시경에 지하철을 타고 서울역에 도착하였다. "하나님, 저의 작은 정성이지만 전도지를 나누어 줄 때에 은혜를 베푸셔서 온 천하보다도 더 귀한 영혼이 구주예수님을 믿음으로 구원함을 얻게 하소서." 하고 기도드렸다.

평소에 눈여겨 보아두었던 노숙자가 많은 곳을 찾아가는 길에 지하도 한쪽 구석에 노숙자 한 사람이 앉아 있는 것을 보았다. 언제 세수를 했는지 모를 새까만 얼굴에 깊은 주름살이 가득한 80세는 족히 되어 보이는 할아버지였다. 손에는 침구로 보이는 이불 보따리와 떼가 덕지덕지 묻은 낡은 가방 두 개를 들고 있었다.

"할아버지 추운 일기에 힘드시지요?" 하며 접근을 했더니 뜻밖에 웃음을 지으면서 "괜찮아요. 이따 밤이 되면 구로동에 가요."라고 대답하였다.

"할아버지, 예수님이 탄생하신 크리스마스 때 꼭 교회에 나가십시오." 하며 전도지를 드렸더니 "예. 나도 교회를 다닙니다. 구로동에 있는 교회 목사님이 우리들을 잘 돌보아주십니다."라고 하며 전도지를 받아 낡은 가방 속에 넣었다

"할아버지, 전도지 꼭 읽어보셔요. 그 속에 라면값 들어 있어요." 이 말에 할아버지 눈이 번쩍 빛나면서 얼른 책장을 넘기더니 3,000원을 꺼내면서 "고맙습니다. 구로동에 있는 목사님도 우리를 잘 보살펴 주십니다." 라고 했다.

시몬 목사는 67세된 자신보다 10여년이나 연장자로 보이는 노인에게 깍듯이 존대어를 쓰면서 "할아버지 금년 연세가 얼마나 되셔요?"라고 물었다.

"네? 제 나이요? 금년 여순 다섯입니다." 시몬 목사는 깜짝 놀랐다. 아무리 얼굴을 다시 보아도 80세는 넘어보이는 노인이었다. 얼마나 고생을 했으면 이렇게 늙어버렸을까? 바싹 마른 얼굴, 초점 없는 눈동자에는 온갖 슬픔이 가득해 보였고 모든 것을 체념한 듯한 모습에 할 말을 잊었다.

이들을 근본적으로 도울 수 있어야겠는데 그것은 너무나 어려운 일이다. 시몬 목사의 여동생이 노숙자 도우미로 일하고 있어서 그들의 이야기를 많이 들었다. 길거리에서 그들을 데려다가 제일 먼저 하는 일이 목욕을 시키는 일이라고 한다.

노숙자에게는 지독한 냄새가 나기에 가까이 할 수 없기 때문이다. 그리고 옷을 갈아입히고 잠자리를 마련하여 온갖 정성을 다해 돌보아주며 성경을 가르쳐서 새로운 출발을 하도록 하지만 십중팔구는 또 다시 노숙자로 돌아가 버린다는 것이다.

어떤 때는 장사를 하겠다고 하여 리어커를 사주고 장사 밑천까지 대어주어도 끝까지 하지 못하고 길어야 이삼개월 지나면 노숙자로 돌아가 버린다는 것이다. 그러기에 일부 사람들은 노숙자 돌보는 것을 하지 못하도록 반대하는 사람들도 있다.

그러나 시몬 목사는 안타까운 마음으로 노숙자들이 많은 지하도 쪽으로 갔다. 마침 저녁시간이어서 수십명이 긴 줄을 서 있었다. 아마 어느 단체에서 저녁식사를 나누어주는 것이 분명했다.

줄을 선 사람들 외에 이곳 저곳 라면박스를 펴고 앉아있는 사람들에게 접근하여 "좋은 말씀이 있는 책입니다. 읽어보시고 교회에 나가시기 바랍니다." 그러자 그는 쳐다보지도 않고 "필요 없어요." 하며 고개를 돌려버렸다. 이 사람은 받지 않으니 할 수 없군. 저쪽 구석에 앉은 30대로 보이는 젊은이에게로 갔다.

"좋은 말씀이 있는 책입니다. 읽어보시고 꼭 신앙생활 하시기 바랍니다." 노숙자는 말없이 받아서 옆자리에 던져두었다.

"그 책을 읽으시면 라면 값이 들어있습니다."라고 하자 그는 재빠르게 책장을 넘기더니 3,000원을 꺼내어 호주머니에 넣었다.

순간 건너편에 있던 노숙자가 달려오더니 “나도 한 권 주세요.” 하며 얼른 받아서 가져갔다.

그때 노숙자가 아닌듯한 사람이 접근하여 “그거 무슨 책이요? 한 번 봅시다.”라고 하며 책을 받아 자세히 보더니 돌려주고 다른 곳으로 가버렸다.

아마 노숙자들을 감시하는 경찰인 듯했다. 그가 떠나자 전도지에 돈이 들어 있다는 낌새를 알아챈 노숙자들이 순식간에 여기저기서 몰려들었고 20분도 못되어 전도책자는 다 없어졌다. 시몬 목사는 왠지 허전한 마음으로 발길을 돌렸다. 그것은 “노숙자를 도와주지 마세요. 그들을 도와주면 그런 생활을 계속하게 됩니다.”라고 하던 어느 노숙자 사역을 하던 분의 말이 생각났기 때문이다

그리고 그들을 위하여 간절히 기도하였다. “하나님 저들을 불쌍히 여기소서. 아멘”

시부모님 전도

J권사님은 우리 교회 모범적인 신자이다. 불신 남편과 결혼하여 남편을 전도하였고 은 가족을 구원으로 인도한 귀한 권사님이시다.

원래 불신 결혼을 하지 않아야 하지만 믿지 않는 이가 간절하게 결혼을 원하면 결혼하라고 하신 바울사도의 말씀대로 믿지 않는 남편과 결혼 이후 진리의 길로 인도하여 참된 믿음의 사람이 되게 했다.

또한 남묘호랑교의 골똘한 신자였던 시어머님을 전도하여 믿음의 길로 인도하기도 했다. 따라서 두 아들들도 믿음으로 자라게 되니 너무나 감사한 일이었다.

그리고 남편의 신앙이 잘 자라서 장로 임직까지 하게 되었으니 얼마나 영화롭고 귀한 일인지 … 우리 교회 모든 성도들의 본보기가 되었다.

그런데 문제는 시아버님이 좀처럼 믿음을 가지지 못하여 늘 염려기도를 하는 중이었다. 주일날에도 12시가 지나면 반드시 며느리가 차려주는 밥상을 원하시기에 예배를 마치기 바쁘게 집으로 달려가곤 하는 권사님의 삶이 몹시 힘들어진 것은 사실이다.

어쨌든 항상 작은 흠이라도 잡히지 않도록 성실하고 진실하게 시부모님을 잘 섬겼고 남편의 착한 아내가 되고 훌륭한 아이들의 어머니로서 며느리의 사명을 잘 감당하는 권사님이었다.

그러던 어느 날 시아버님의 생신을 맞이하여 자녀손들 모두 모이는 날인데 장로님 부부는 기도하는 중에 이번 아버님의 생신은 목사님을 모시고 예배드리며 축복받는 생신이 되었으면 좋겠다는 생각을 하게 된 것이다.

드디어 결심하고 아버님께 말씀드렸다. “아버님, 이번 생신은 교회 목사님을 모시고 온 가족이 잠깐 예배드리면서 축하드리고 싶은데요? 목사님이 아버님을 위하여 크게 축복기도를 하실 것입니다.”

그런데 뜻밖에 아버님이 순순히 “그렇게 하도록 하지…….” 하는 것이 아닌가.

장로님 부부는 크게 기뻐하며 나에게 전화를 하여 자초지종을 말하며 “생신예배 겸 축복을 기원해 주시면 고맙겠습니다.”라고 하셨다.

연락을 받은 나는 드디어 기회가 왔다고 생각했다. 이번에 장로님 부친을 만나 예배드리면서 복음진리를 증거하여 믿음을 얻도록 할 기회가 온 것이다.

나는 하나님의 도우심을 간절히 구하면서 필요 적절한 말씀을 기도로 준비했다. 그리고 새벽마다 기도드리면서 이번에 꼭 장로님 부친께서 믿음으로 구원함을 받을 수 있도록 소원기도를 하였다.

드디어 생신날이 되어 나는 심방대원들과 함께 축하선물을 준비하여 장로님 집을 방문 했더니 아들 손자며느리 약 20명 이상 모여서 기다리고 있었다.

그때 나의 마음은 전할 말씀으로 심령이 뜨거워졌다. 짧은 시간이지만 예배를 드리면서 준비한 말씀을 간절하게 전하였다. 그리고 부친을 위하

여 간절하게 믿음주시기를 구하고 건강하게 남은 생애 행복하시기를 바라며 축복기도를 드렸다

예배를 마치고 잔치상을 받은 우리는 맛있게 식사를 하고 집으로 돌아왔다. 그런데 집에 돌아온 지 얼마 되지 않아서 장로님으로부터 전화가 왔다.

"목사님, 오늘 오셔서 예배드려주시고 축복해 주셔서 감사합니다. 예배를 마친 후 놀라운 일이 일어났습니다. 아버님께서 온 가족들 앞에서 '나 이번 주일부터 교회에 나가기로 했다.'라고 선언하셨습니다. 그렇게 완고하던 아버님이 그런 선언을 하신 것은 분명 기적입니다." 라고 했다.

나는 순간적으로 성령께서 오늘을 예비하시고 크게 역사하신 것을 깨달았다. 그리고 하나님께 무릎을 꿇고 감사기도를 드렸다. 드디어 온 가족이 다 믿게 된 것이다. 할렐루야!

장로님 부부의 기도

내가 저녁식사를 마치고 잠깐 쉬는 시간에 K장로님으로부터 전화가 왔다.

"목사님, 저희 아들이 오늘 병원에 입원을 했습니다. 그런데 신장이 많이 상해서 치료가 어렵다고 합니다. 목사님 기도해 주십시오."

나중에 자세한 내용을 알고 보니 19살인 아들이 급성 신장병이 발생하여 치료가 어렵고 이 상태로 계속된다면 치명적일 수도 있다는 것이었다. 목사는 이런 일이 있을 때 하나님 앞에 엎드릴 수밖에 없는 것이다. 나는 즉시로 교회당에 나아가 하나님 앞에 무릎을 꿇고 기도하기 시작하였다.

"하나님, K장로님은 우리 교회 충성하는 일꾼입니다. 부인 J권사도 너무나 귀한 일꾼입니다. 하나님 긍휼히 여겨주시기를 원합니다. 그는 이전에 해병대 출신으로 불신자였지만 변하여 새 사람이 되었습니다. 하나님의 긍휼을 기다립니다……."

계속 최선을 다하고 병원치료를 받았지만 병은 더욱 심해지면서 호전되지 않았다. 특히 장로님의 손위 처남이 의사여서 여러 가지 방법으로 도움을 주었지만 점점 더 심각한 상태로 나아갈 뿐이었다.

드디어 K장로님 부부는 최후의 결단을 내렸다. 그것은 3일간 금식기도를 하려는 것이었다. 택시 기사인 장로님은 일을 멈추고 부인 J권사와 함께 기도원에 가기로 하였다. 집에 있으면서 금식기도하기가 어려웠기 때문이었다. 특히 몸이 몹시 마른 체질이어서 50킬로도 채 되지 않는 J권사는 한 끼의 금식도 힘든 연약한 몸이었다.

그러나 어찌하랴 … 아들의 생사문제이니 결단을 내릴 수밖에 없었다. 평생 처음으로 정말 힘든 3일금식을 하면서 장로 부부는 부르짖어 기도하였다. 그리고 돌아와서 말하기를 "목사님, 처음에는 정말 결단하기 힘든 금식기도였지만 이번 기회에 처음으로 큰 은혜를 받았습니다."

병이 낫는 것도 중요하지만 먼저 자신들이 큰 은혜체험을 하고 나니 걱정이 사라지면서 하나님이 낫게 해 주실 줄 믿어지는 것이었다. 성경 말씀도 많이 깨닫게 되었고 믿음도 엄청 자란 것이 큰 축복이었다.

그리고 얼마 지나지 않아서 아들의 병세가 호전되면서 치료가 급속히 이루어졌고 신기하게도 병이 나아서 건강이 회복되어 완치판정을 받았다. 의사도 놀라고 가족들도 놀라면서 하나님의 도우심이 분명하다는 확신을 얻었다.

그리고 1년 후에는 군대에 입대하게 되었는데 담당의사는 군대에 절대로 갈 수 없다고 했지만 2년간 군복무를 잘 마치고 제대하였다. 아들의 믿음도 자라서 교회의 좋은 일꾼이 되었고 결혼까지 하여 두 자녀를 가진 아버지가 되었다.

하나님께서는 이런 시련을 통하여 장로님 부부의 신앙을 더하여 주셨고 아들의 신앙도 크게 자라게 하심을 보며 참 좋으신 하나님께 감사드립니다. 할렐루야!

식사대접 (꽁트)

담임목사님이 70세 정년이 되셔서 은퇴하시고 상당기간 동안 기도하며 기다리던 중 새로 부임하는 목사님이 지난 주일부터 오셨다.

김장로는 새로 오신 목사님을 뵌 후 흡족한 마음이 들었다.

무엇보다 지난 주일 설교를 통하여 상당히 지적이면서도 또한 정적으로도 뜨거운 믿음을 불러일으키는 말씀이 좋았다.

뿐만 아니라 고상한 인격의 품위를 보이는 모습이 좋았고 철저한 보수적인 신앙사상으로 성경대로 살기를 힘쓰는 모습이 너무나 좋았다.

이력서에 기재된 학력도 일반대학을 나오신 후 신학대학원을 나오신 분이시고 모든 면에 빠지지 않는 분이라고 생각되었다.

한 가지 마음에 염려되는 것이 있다면 어딘가 모르게 가까이 하기 힘든 엄격한 분위기가 감도는 모습이 품위 있어 보이는 반면 조금은 거리감을 느끼는 점이었다.

김장로를 비롯한 다른 장로들도 모두가 훌륭한 목사님을 모시게 되었다고 이구동성으로 기뻐하였다.

김장로는 다가오는 주일에 목사님께 식사대접을 해야겠다고 생각하며 아내와 의논을 한 결과 집에서 음식을 준비하려면 주일날 도저히 불가능할 것 같아서 최고로 좋은 음식점에 예약을 하고 대접하기로 작정을 하였다. 그리고 목사님께 "이번 주일 점심식사는 저희 가정이 대접해드립니다."라고 하였다.

주일 아침 김장로는 음식점에 다시 전화를 하여 예배를 12시 30분 전으로 마치면 1시까지 목사님을 비롯한 장로님들과 약 일곱 명 정도가 도착할 예정이니 실수 없도록 당부를 하였다.

주일 예배를 마치고 12시 40분경에 김장로는 목사님을 모시고 장로들과 함께 차를 타고 음식점을 향하여 출발을 하여 50분경에 식당에 도착하였다.

이때 목사님이 당황해 하시면서 장로님을 향해서 "장로님 댁에 가서 식사를 하는 것이 아니라 음식점에서 식사대접을 하시는 겁니까?"라고 물었다.

장로는 "예 그렇습니다. 이 지역에서는 제일 유명한 맛집으로 모셨습니다."

그런데 목사는 음식점으로 들어가지 않고 장로를 향해 말했다.

"장로님 저는 오늘까지 주일날 음식점에서 매식하지 않습니다. 물론 사람마다 다르겠지만 오늘 식사는 여기서 할 수 없습니다. 제가 미쳐 그것을 말씀 못드려 죄송합니다. 제가 최고의 대접을 받은 것으로 할께요."

그리고 목사님은 사택으로 돌아가고 말았다. 김장로는 너무나 당황하고 기가 막혔으나 어쩔 수 없이 음식점에 손해배상을 하고 집으로 돌아왔다. 그리고 그날부터 교회에 나가지 않았다. 아니 나갈 수가 없었다. 지금까지.

전임 목사님 때는 주일날 매식을 했는데 참 별난 목사를 만났네 … 하며 불만을 터트렸다. 그 후 김장로는 다른 교회로 옮겼고 신학을 공부한다는 소식이 들렸다. 새로 부임한 목사는 다음 주일 광고시간에 말씀하셨다.

“여러 성도님들, 저는 주일날 매식하지 않습니다. 그것은 십계명의 제4계명 말씀대로 살기 위함입니다. 흔히 십계명은 구약의 율법이니 지키지 않아도 된다는 잘못된 생각을 합니다. 그러나 구약의 제사법이나 의식법들은 바뀌어진 것이 많지만 십계명은 도덕법입니다. 도덕법은 그대로 지켜야 합니다. 그리고 심방할 때도 과도한 식사를 하지 않으려 합니다. 매식할 때는 오천원 내지 만원 전후의 음식을 먹으면 적당하다고 생각합니다. 우리는 먹기 위해서 사는 것이 아니라 건강을 위해서 먹고 마십니다. 이 점을 이해해 주시고 귀중한 물질을 더 보람 있고 귀중한 데 사용하시기를 바랍니다.”

새 목사님이 오신 후 교회는 더욱 크게 부흥하였고 목사님은 은혜와 진리가 충만하여 교계에 훌륭한 지도자로 일하시게 되었다.

그리고 오륙년이 지난 어느 날 그때 떠났던 장로가 목사가 되어 찾아와서 무릎을 꿇고 말했다. 목사님 제가 미련하고 둔해서 그때 정말 잘못했습니다. 저도 목사가 되어 목회해 보니 이제야 목사님의 태도를 이해할 수 있었습니다. 용서해 주십시오. 두 목사는 악수를 나누며 말했다. 반가워요. 우리 주님의 일꾼으로 더 잘 섬겨봅시다.

(실화를 바탕으로 구성한 글입니다.)

신은 죽었다

니체는 약 100여 년 전에 '신은 죽었다.'라고 함으로써 실존주의 철학을 예고하였다

원문에는 '신이 죽어가고 있다.' 또는 '신의 영향력이 없어졌다'라는 해석이 더 옳은 번역이라고 한다.

그렇다면 니체는 왜 신은 죽었다고 했을까? 프리드리히 니체를 연구하기 위하여 나는 이진우 교수의 니체 인문학 특강 동영상을 몇 주간 계속 들으면서 내 나름대로 그 배경을 생각해 보았다.

니체는 기존의 사상, 특히 형이상학과 맹신되어져 온 도덕에 대하여 비판적이었다. 니체는 스스로 비도덕주의자를 자처했으며, 종교에 대해 매우 회의적인 사상가였다.

삶을 비하하는 사상들을 데카당이라고 부르며, 그것을 굉장히 싫어했다. 삶을 신의 창작물이라고 주장하는 기독교 사상도 그런 이유로 싫어했다.

이는 유명한 명제로 이어진다.

"신은 죽었다."라는 명제는 유명하다. 위키백과에 따르면 항상 세계에 대한 믿음의 상실과 인간이 만들어낸 최고가치에 대한 상실을 뜻한다고 한다. 이는 허무주의의 발판이며, 동시에 삶의 이유에 대한 질문을 낳는다고 한다.

그렇다면 니체는 왜 그런 말을 했을까?

니체는 쇼펜하우어의 허무주의사상에 빠졌던 것이 그이유가 아닐까? 그리고 아돌프 히틀러가 어린 시절 성적이 우수한 유대인 친구에 대한 적개심이 나중에 600만 명이나 되는 유대인 학살의 배경이 된 것처럼 니체도 그의 자라온 배경이 그에게 허무주의를 따르게 되고 사실주의 사상이 싹튼것이 아닐까?

생각해 보았다.

첫째로 니체는 5대째 성직자의 가정에서 태어난 목사의 아들인데 불행하게도 교회 목사로 일하시던 아버지께서 40대의 젊은 나이에 병으로 돌아가셨다.

니체는 남자라고는 없는 여자들만 있는 가정에서 외롭게 자라났다. 한없이 착하고 훌륭하게 사시던 아버지께서 신이 계시다면 왜 돌아가셨을까? 고민하며 믿음에 회의가 온 것이 아닐까 생각해 보았다.

둘째로 니체는 다섯번 연애에 실패함으로써 많은 고민을 하였다. 특히 마지막 사랑을 고백했던 "루 살로메"조차 자신의 사랑을 받아주지 않고 다른 친구를 사랑하게 되었을 때 그는 너무나 괴로워했다.

하나님이 계시다면 왜 나에게 이런 실망과 좌절을 주시는가? 기도도 해 보고 온갖 노력을 해 보아도 자기 뜻대로 되지 않는 것을 괴로워하고 낙심하면서 신은 죽었다, 아니면 신의 영향력이 없어졌다고 말한 것이 아닐까?

니체는 상당한 미남자였는데도 여자들은 니체를 좋아하지 않았다. 그는 천재였지만 너무나 독선적이고 자기중심적인 니체를 사랑하기는 어려웠던 것 같다. 결국 니체는 결혼을 포기하면서 '위대한 사람들은 결혼하지 않았다.'라고 하며 평생을 독신으로 지냈다.

그런 일들이 니체에게 실망을 안겨주었고 결국 사신신학을 주장하게 된 배경이 아닐까? 하고 생각해 보았다.

니체는 초인(超人)이 되려고 했지만 도리어 광인(狂人)이 되었고 56세에 죽었다. 신은 지금도 살아계시지만 니체는 분명히 죽었다.

신혼부부

목사는 주일 낮 예배를 인도하면서 내심 걱정이 되었다. 어제 결혼 주례한 신혼부부가 보이지 않는 것이었다.

'무슨 일일까? 분명히 신혼여행도 바로 떠나지 않고 주일 예배를 드린 후 월요일에 가기로 했었는데…….'

예배를 마치고 인사를 하는 중에 신랑의 어머니 박집사님을 보자 "집사님 신랑신부가 어떻게 된거지요? 왜 교회에 나오지 않았지요?"

박집사님은 불편한 얼굴로 목사에게 소곤거리는 음성으로 말했다. "목사님 아침에 그것들이 싸웠데요……." 목사는 더욱 궁금해졌다.

"싸우다니요? 그럴 리가 …? 무엇 때문에요? 깨소금이 한창 쏟아질텐데 …."

내용인즉 아침에 교회에 나오려고 신랑이 세수를 하는데 평소에 하던 대로 대야에 물을 붓고 얼렁뚱당 씻고 수건으로 얼굴을 닦는데 신부가 옆에서 말하기를 "세수를 그렇게 하면 안 되지요. 한 번 대야에 물을 부어 씻은 후 물을 버리고 다시 물을 받아 비눗물을 깨끗이 제거해야 해요."

그 말을 들은 신랑이 "대강 씻으면 되지 뭘 그렇게까지 해야 되나? 하며 방안으로 들어가 버렸는데 그걸 가지고 방안에서 계속 말다툼을 하더니 결국 교회에 나오지 않는 것 같아요."

자초지종을 듣고 난 목사는 점심식사를 마치고 박집사와 함께 심방을 갔다. 신혼부부는 갑자기 찾아오신 목사님을 보자 어쩔 줄을 몰라 하면서 "목사님 죄송합니다. 정말 부끄럽고 죄송합니다."

목사는 두 사람을 앞에 앉혀놓고 내가 딱 몇 마디만 하고 가겠네 … 하시고, "두 사람 중에 누가 잘하고 잘못한 것은 결코 없고 서로 다른 것뿐이라네. 살아온 환경과 습관, 성격이 다르기 때문에 이런 일이 발생했으니 서로가 이제부터 맞춰가며 살아야 한다네. 어떤 부부는 치약을 사용할 때 중간부분을 푹 눌러 짜서 쓰는 사람과 뒷부분부터 차례대로 짜서 쓰는 것 때문에 싸우는 수도 있지. 앞으로 이런 사소한 일이 수없이 발생할 텐데 서로가 양보하고 용서하며 이해하며 살아야한다네.

예수님 말씀처럼 70번씩 7번이라도(무한정) 용서하며 살아야 하네. 가장 중요한 핵심은 두 사람 어느 누구도 틀린 것이 아니라 서로 다르다는 것을 알고 고치며 살아야 하고 고치지 못하면 그대로 이해하며 살아가야 한다네. 신혼부부 중에는 신혼여행을 마치고 돌아와서 바로 이혼을 하는 경우도 있다 하니 안타까운 일이 아닐 수 없다네. 알겠는가?"

부부는 어쩔 줄을 몰라 하면서 "목사님 죄송합니다. 앞으로 잘 살겠습니다."라고 하면서 서로 사랑하고 용서하기로 다짐을 하였다.

악질 장로 이야기

내가 총신대 신학원 공부를 위해 지방에서 서울에 오게 되자 군대 있을 때 다니던 교회 목사님을 찾아뵙고 인사를 드렸다.

그리고 그 동안 신학 공부한 것을 말씀드리고 목회자가 되겠다는 것을 이야기 드렸더니 몹시 반가워하시면서 김포지역에 G교회 이야기를 하셨다.

G교회는 오륙십 명이 모이는 작은 교회지만 그런대로 예배당도 아담하고 자립교회인데 마침 목사님이 사임하시고 설교할 사람이 없으니 구전도사가 이번 주일 그곳에 가서 설교를 하면 좋을 것 같다고 하셨다.

나는 너무 감사한 마음에 "목사님 감사합니다. 금번 주일 가겠습니다."

주일 아침 G교회에 도착하여 그 교회 B장로님을 만나 인사를 드렸더니 장로님은 매우 반가워하시면서 영접하셨다.

주일 예배에 나는 간절한 마음으로 설교를 하였다. 수년간 신학을 공부하면서 교육 전도사 및 단독 목회자로도 일했던 경험 때문인지 설교하는 데는 어려움이 없었다.

예배 후 장로님 댁에서 귀한 점심 대접을 받고 가려는데 "전도사님, 이

번 수요일에도 설교해 주시면 고맙겠습니다."라고 하여 쾌히 승낙하고 설교하게 되면서 약 한달 간 계속 설교를 하였다.

그리고 장로님은 나에게 말씀하시기를 "전도사님, 우리 교회는 그 동안 계속 목사님을 모셨지만 이제는 전도사님을 담임 목회자로 모시고자 재직들도 모두 찬성하였으니 허락해 주시기를 바랍니다."라고 하셨다.

나는 즉시 승낙하고 싶었지만 "장로님 감사합니다만 며칠간 기도 후에 답변을 드리겠습니다."라고 한 후 돌아왔다.

그리고 전에 다니던 교회와 가까운 곳이기에 아는 분들에게 사실을 말씀드렸더니 모두가 펄쩍뛰며 반대를 하는 것이었다. 전도사님 절대로 그 교회에 가시면 안 됩니다. 그 교회 장로가 소문난 악질 장로입니다. 그곳에 부임한 목사님들마다 피눈물 흘리고 떠났습니다. 절대로 가지 마십시오."

그러나 내가 본 장로님은 그런 분이 전혀 아닌 것 같았다. 나의 형편에 그만한 일터를 얻기가 쉽지 않기에 부임하기로 결심을 하였다. 모든 것이 하나님의 섭리 중에 인도하신 것이라고 생각되었다.

나는 그곳 사택에서 지나며 신학교를 다녔고 동료 친구들보다 월등한 대우를 받으며 목회를 하게 되었다. 내가 부임 이후 서울로 나오기까지 수년간 그곳에서 목회를 하면서 아무리 살펴보아도 장로님은 너무 좋은 분이셨다.

장로님은 이북에서 월남하신 후 그 지역에 하나밖에 없는 병의원을 운영하시는 의사였고 사명의식을 가지고 그 교회를 개척하였던 것이다. 60대이신 분이 20대의 어린 전도사에게 깍듯이 존대어를 쓰시는 겸손한 분이셨고 온갖 친절과 사랑을 베푸시는 너무 좋은 분이셨다.

이따금씩 맛있는 고깃국을 끓이시면 새벽기도 시간에 교회로 오시면서 사택 방문 앞에서 평양 사투리로 "뎐도사님 계세요." 하시며 고깃국 사발을 주시던 음성이 지금도 귀에 들리는 듯하다.

나의 건강을 늘 무료로 체크해 주시고 치료도 해 주시던 B장로님이 지금은 하늘나라로 가셨다. 그 후 내가 서울로 나와 목회를 할 때 부인 권사님이 그때까지 살아계셔서 내가 개척하는 교회에 오셔서 도우시던 일도 기억하며 결코 내게 보여진 장로님은 악질 장로가 아니라 착하고 자상하신 아버지 같은 장로님이셨다.

언젠가 장로님이 나를 향해 "전도사님 이런 말씀은 조심스럽지만 사람들이 나를 악평하는 것을 나도 압니다. 그러나 이것을 보십시오. 전임 목사님이 내게 준 각서입니다." 내가 봉투를 열어 내용을 보니 "목사님 자신이 치명적 실수를 하여 교회를 사임하니 더 이상 거론을 말아 주십시오." 라는 글을 읽어보았다. 더 구체적인 내용은 덕이 되지 않아서 생략한다.

양말 두 켤레

김전도사는 지난 주일 교회에 빠진 성준네 집을 찾아가 벨을 눌렀다.

딩동딩동! "누구세요?"

"저는 남성교회 김전도사입니다. 성준이를 찾아왔습니다."

"네 잠깐만 기다리세요."

딸칵하는 소리와 함께 대문이 열리고 금방 성준이 어머님이 웃음 가득한 얼굴로 달려 나왔다.

"전도사님 어서 오세요. 지난 주일 우리 성준이가 감기 때문에 교회에 나가지를 못했어요. 어서 안으로 들어오세요."

김전도사가 집에 들어섰을 때 한옥집이지만 엄청 넓고 커서 상당히 잘 사는 부잣집 같았다. 주택 외에 넓은 마당에는 공장 같은 큰 건물이 있었고 기역자로 된 가정집은 아늑한 느낌이 들었다.

그때 성준이도 밖으로 나와 꾸벅 인사를 하였다. 나는 남성교회에 온 후 처음으로 심방을 한지라 가정형편을 잘 알지 못하기에 몇 가지 대화를 나누다 보니 성준이 부모님 모두 믿음 좋은 교회 집사님이신 것을 알았다.

“어서 방으로 들어오세요.” 성준이 어머니께서 말씀 하셨지만 나는 마루에 걸터앉아서 “아닙니다. 그냥 여기서 기도하고 가렵니다.”라고 했다.

그것은 방에 들어갈 수 없는 사정이 있었다. 1960년대는 아직 나이론 양말이 나오기 직전이라 모두가 면양말을 신고 다녔기에 이틀만 신으면 양말에 구멍이 났다.

그날따라 신고 있는 양말에 몇 곳 구멍이 났기에 신발을 벗을 수가 없었다. “어서 방으로 들어오셔서 차라도 한 잔 하셔야지요.”

그러나 전도사는 끝내 구두를 벗을 수가 없어서 결국 마루에서 간절히 기도만 하고 떠날 수밖에 없었다.

인사를 마치고 대문 밖을 나오려는데 성준이 어머님이 “그럼 잠깐만 기다리세요.” 하시더니 방안으로 급하게 들어가셨다가 나오셔서 신문지에 싼 무언가를 주시었다. 받지 않으려 했지만 기어이 주시기에 거절하지 못하고 받았다. 밖으로 나와 골목길을 벗어나서 궁금한 마음에 펼쳐 보았다. 거기에는 연초록색 바탕에 흰 무늬들이 있는 나일론 양말 두 켤레가 들어 있었다. 나중에 알았지만 집사님 가정은 양말공장을 경영하시는 분이셨다.

전도사는 그날 머리털까지도 세시는 하나님이 양말에 구멍이 난 것을 보시고 그렇게도 갖고 싶었던 아무리 신어도 빵꾸가 안 난다는 나일론 양말을 심방선물로 주신 것이었다.

“참 좋으신 하나님 감사합니다. 아멘”

어느 여인숙에서 생긴 일

나는 군대 제대 후 신학을 공부하기 위하여 봉천동 달동네 언덕의 허름한 여인숙에 세를 들었다. 전세 값이 쌌기 때문이고 여인숙에 손님이 없어서 세를 놓았기 때문이었다.

여인숙 1층에는 주인집 가족들이 살고 있었고, 2층에는 두 사람이 누우면 알맞은 조그만 방 6개가 기역자형으로 있었다.

그 중에 나는 남쪽 6호실 방을 얻어서 기거하고 있었는데 여인숙 방 코너 부분에 공동화장실이 있고 그곳에 샤워실 겸 수도가 있었다.

주인아주머니는 키는 작지만 당차 보이는 말을 잘하는 여인이었고 남편은 보통 키에 조금 뚱뚱한 그런대로 인상은 좋지만 무능해 보이는 50대의 아저씨였다.

그는 자기가 육이오 때 켈로부대 요원이었다는 것이 유일한 자랑이었다. 켈로부대는 미군소속 특수요원 부대이기에 굉장한 특권을 행사했다는 것인데 시간 날 때마다 자랑삼아 그때 일을 신나게 이야기하는 것이었다.

시골에서 자라서 여관이나 여인숙에서 숙박해 본 적이 없는 나에게는 여인숙이란 가난한 길손이 하룻밤 자고 가는 숙박시설로만 알고 있었다. 그러나 세든 이후에 여인숙이란 단순한 여행객이 쉬어가는 곳만이 아닌 것을 점차 알게 되었다. 처음 며칠 동안은 손님이 없으니 여인숙 2층 전체가 나의 삶의 공간이 되어서 너무나 공부하기에 좋았다.

그런데 얼마 지나지 않아 이곳에 세든 것이 너무나 후회스러웠다. 그것은 세 개의 남은 방에 손님을 받게 되자 그때부터 문제가 발생했기 때문이다.

아침에 화장실을 가려는데 3호실 방문이 열리면서 정말 기가 막힌 장면을 보게 되었다.

손바닥 만한 빨간 팬티에 부라자만 걸친 이쁜 여자가 나오더니 눈이 마주쳤는데도 아무렇지도 않은 듯 화장실로 들어가는 것이 아닌가? 나는 내 눈을 의심하면서 너무나 놀라고 쳐다보기가 민망해서 고개를 돌려 눈길을 피했다.

그러고 보니 어젯밤 늦게 그 방에 손님이 든 것 같았다. 손님이라면 옷을 제대로 챙겨 입고 문 밖을 나와야지 … 특히 여자는 행동을 더욱 조심해야 하는데 … 엄격한 가정교육을 받고 자란 나에게는 도대체 이해할 수 없는 모습이었다. 나는 잠시 기다리며 서 있노라니 그 여자가 태연한 자세로 다시 나와서 3호실 방으로 들어갔다.

한 시간 쯤 지났을까 방문이 열리는 소리에 문틈으로 내다보았더니 40대로 보이는 남자가 신사복에 가방을 들고 나와서 여자에게 다정스럽게 귓속말로 무엇인지 속삭이더니 시계를 보면서 바쁜 듯이 나가버렸다. 나는 잠시 생각에 잠겼다. 첫눈에 보아도 부부는 아닌 것 같았고 둘은 불륜의 밤을 지난 것이 분명했다.

그리고 생각해 보니 내가 이러한 여인숙에 세를 얻은 것부터 잘못되었다고 생각되었다. 여인숙이 이런 곳인지를 전혀 알지 못했고 여인숙을 하지 않는다고 해서 계약을 하였는데…….

빨리 이곳을 벗어나야지 … 할 수 있는 대로 어서 이사를 가야한다. 그러나 아직 계약기간이 7개월도 더 남아있으니 어찌해야 할까. 인생경험도 부족하고 세상도 잘 알지 못하는 촌뜨기인 나는 며칠 사이에 일어난 일들이 나의 정신을 혼란하게 하였다.

나는 방에 들어와 무릎을 꿇었다. '오 하나님 세상은 이렇게 타락되고 죄악의 세력은 득세하여 유혹하는데 … 어떻게 해야 하겠습니까?'

나는 하나님께 도우심을 구하며 다시 무릎을 꿇고 오랫동안 간절히 기도드렸다.

그리고 일주일 정도 지난 어느 날 밤에 20대 후반 정도 되어 보이는 남자가 고등학생으로 보이는 여학생을 데리고 숙박을 하게 된 것이다. 주인아주머니는 내가 세든 바로 맞은 편 방에 그들을 안내했다. 남자는 보통 키였고 청바지에 점버 차림이었다. 여학생은 교복을 입고 책가방을 맨 채 들어오면서 "삼촌, 오늘 여기서 시험공부 잘 가르쳐 줘야 해." 누군가 들으라는 듯 말하면서 방으로 들어갔다. 그런데 몇 시 쯤 되었을까? 심하게 다투는 소리에 잠을 깼다.

바로 건너편 방에서 나는 소리였다. "삼촌 왜 이러는 거야. 난 몰라, 나 집으로 갈거야!"

여학생의 다급한 목소리가 들렸다. "삼촌 이러면 안 돼! 안 된다니까……." 순간 나도 모르게 정신이 번쩍 들면서 잠이 모두 달아나버렸다. 그리고 화가 치밀어 올랐다

이거 미성년자를 숙박하게 한 것 경찰에 신고해버릴까? 아니면 아래층에 잠든 주인을 깨워서 항의를 해야 하나 고민하고 있었다. 잠시 방 안에

서 또 다시 다투는 소리가 나더니 곧 조용해지면서 끝내 여학생의 흐느끼는 울음소리가 들렸다.

"나 이제 어떻게 할 거야? 난 몰라,삼촌 나 책임질거야?" 그때 남자의 음성이 들렸다.

"네가 여관까지 따라 들어올 때는 이미 각오한 것 아니야? 여기까지 따라와 놓고 다른 소리하면 안 되지……." 그 당시 아이들은 서로 아는 사이면 삼촌이라고 부른다는 것을 나중에야 알았다. 그날 밤은 정말 잠을 제대로 자지도 못한 불행한 밤이었다.

언젠가 숙박업을 하는 어느 교회 권사님이 "나는 여관이 뭔지도 모르고 시작했다가 얼마나 후회했는지 모른다오! 온통 죄악의 구렁텅이에요. 당장 팔아버릴려고 복덕방에 내 놓았답니다." 하시던 말씀이 생각났다.

그날 밤 잠을 설친 후 다음날 아침 나는 주인집에 내려가 어젯밤 일을 이야기하면서 당장 전세보증금을 돌려달라고 언성을 높여서 말했다. 나는 도저히 이곳에 살 수가 없으니 빨리 이사해야겠다고 말했다. 아주머니는 난처한 표정을 지으며 돈이 없다고 하였다.

그날 오후 직장을 구하기 위해 지방에서 올라온 5호실의 20대 후반의 황씨가 나를 향해 세상을 다 안다는 듯이 말했다.

"구형! 세상은 다 그런 거요. 숙박업소란 곳이 불륜의 온상이랍니다. 이런 곳에 오래 머물러 계시면 안 됩니다."라고 하며 의미 있는 표정으로 나를 향해 싱긋 웃었다.

나는 어쩌다가 바보같이 이런 곳에 세 들었는가를 한탄하면서 "하나님 빨리 이곳을 벗어나게 하소서." 하고 기도드렸다.

얼마 후 여인숙에 세든지 꼭 5개월이 되는 날이었다.

내가 기거하는 건너편 방에 20세 전후로 보이는 청년이 입실하게 된 것이다. 다행히 여자 친구가 없이 혼자이었지만 눈빛이 날카롭고 불길한 예감이 들면서 기분이 좋질 않았다. 그러나 여인숙 주인도 먹고 살아야 할 터인데 손님을 받지 못하게 할 수 도 없고 조용히 잠만 자고 갈 것 같아서 아무 말 하지 않았다

그때 5호실에 머물고 있는 황씨가 나와서 문을 열고 있던 나에게 미소를 지으며 말을 걸었다.

"형씨는 이곳에 오신지 얼마나 되셨소?" 나는 며칠간 함께 지나면서 서로 인사를 나누던 사이인지라 관심을 가지고 묻는 그에게 반가운 기색으로 대답했다.

"예 오늘로서 꼭 5개월째 됩니다. 황형께서는 직장 구하는 일이 잘 되셨는지요?"

"아니요. 아직 구하지 못했지만 곧 될 듯합니다."

"저는 군대 제대 후 공부하는 학생인데 작은 돈에 마땅한 셋방이 없어서 이곳에 머물게 되었지요." 나는 솔직하게 대답을 하였다.

"학교라면 이곳 근처에 숭실대학교가 있는데, 어느 학교에 다니시지요?"

"예. 저는 총신대에 다닙니다."

황씨는 의외라는 듯 "총신대라면 그 … 뭔가 신학교 아닌가요?"

"그렇습니다."

황씨는 이외라는 듯 "저는 비록 교회에 다니지는 않지만 포세이든 어드벤처라는 영화를 보았는데 거기에 나오는 목사의 희생적인 모습을 보고 목사에 대한 시각이 달라졌지요."

"영화에 등장하는 목사는 파선된 배의 승객들을 살리기 위하여 온갖 노력을 다하다가 마지막에 자신은 죽으면서 승객들을 살리는 모습을 보

고 깊은 감명을 받았습니다."

그리고는 나를 매우 흥미로운 듯 쳐다보면서 물었다.

"그렇지만 우리나라에 교회가 너무 많다고 생각됩니다. 밤이 되면 수많은 붉은 십자가가 여기저기 빛나고 있잖아요? 그렇게 많은 교회가 필요한 것인지 의문스럽습니다."

나는 즉시 대답했다. "황형께서 그런 말씀 하시는 것 이해합니다. 그러나 술집이 많아지고 유흥업소가 많아지는 것보다 훨씬 낫다고 생각합니다."

황씨는 껄껄 웃으면서 "듣고 보니 그런데요."라고 했다.

나는 황씨가 그런대로 기독교를 아주 반대하는 사람이 아니라는 생각이 들었다.

그런데 "형께서는 어떻게 신학교를 다니게 되셨소?"

황씨는 작심하고 나의 정체를 밝히려는 듯 물었다. 나는 기쁜 마음으로 대답했다. 그때 나는 건너편에 입실한 손님이 있다는 것을 잊어버리고 나의 신앙생활에 대한 것을 이야기하기 시작했다. 나도 모르게 열을 올려 기독교 진리와 받은 체험을 이야기하기 시작했다.

아마 20여분 동안 신앙이야기를 하는 중에 건너편 방문이 조금 열리는 것 같았다. 나는 내가 너무 시끄럽게 이야기한 것이 방해가 되지 않았나 생각되어 미안한 마음이었지만 나도 모르게 언성을 높여 간증을 하게 되었고 황씨도 진지하게 내 말을 듣고 있었다.

그때 황씨가 나에게 물었다 "그렇지만 하나님은 우리 눈에 안 보이잖아요?" 황씨는 나의 신앙체험 이야기를 도저히 믿을 수 없다는 태도로 물었다.

"그렇지요 눈에 안 보이지요. 그러나 이 세상에는 분명히 존재하지만 우리 눈에 보이지 않는 것들이 많습니다. 예를 들면 마음이나 양심 같은 것도 분명히 있지만 눈으로 볼 수는 없습니다.

아름다운 저 하늘의 별들과 꺼지지 않는 불덩어리 태양이나 질서정연하게 움직이는 우주만물을 바라보면 그것을 만드신 분이 분명히 계시다는 것을 알 수 있습니다.

우리가 거주하는 집도 건축자가 분명히 있는 것처럼 질서정연한 우주도 분명히 만드신 분이 계십니다. 그 분을 우리가 육안으로 볼 수는 없지만 존재하시는 것을 알 수 있습니다."

여기까지 말했을 때 건너방에 숙박한 청년이 문을 열고 나와서 급하게 아래층으로 내려갔다. 그런데 이상한 것은 그 청년이 매고 왔던 가방을 들고 나가는 것이었다. 그리고 잠시 후 주인아주머니가 올라와서 청년이 입실했던 방문을 열고 방안을 살펴본 후 "거참 이상하네. 숙박비를 다 내고 들었던 사람이 왜 나가버리지?"라고 혼자 중얼거리면서 아래층으로 내려갔다. 내가 너무 시끄럽게 이야기를 해서 화가 나서 간 것은 아닐까?

그때 황씨가 말했다. "오늘 너무 좋은 말씀해 주셔서 정말 감사합니다. 다음 기회에 또 듣기로 하고 이만 들어갑니다."

황씨가 방에 들어간 후 나도 별 생각 없이 방에 들어가 하나님께 저녁 기도를 드렸다. 그리고 나는 몹시 졸음이 와서 이내 잠들었다.

이튿날 아침 일찍 주인집 아저씨가 이층으로 올라와 "전도사님 계세요."라고 부르며 나를 찾았다. '이렇게 이른 아침에 나를 찾는 것이 무슨 일일까 그리고 내가 전도사인 것을 어떻게 알았을까?' 생각하며 방문을 열었다.

아저씨는 아주 심각한 모습이었고 그의 손에는 봉함하지 않는 하얀 편지봉투 하나를 나에게 내밀었다. 그리고 말하기를 "전도사님이 생명을 살린 것 같습니다. 어젯밤 입실했다가 간 청년이 조금 전에 와서 주고 간

편지입니다."

아저씨가 내민 편지를 받아서 나는 급히 펼쳐서 읽기 시작했다. 편지 맨 위에는 "전도사님께"라고 써 있었고, 다음과 같은 내용의 글이 있었다.

"전도사님, 자세한 이야기는 다 말씀드릴 수 없습니다만 저는 어젯밤 범행을 하기 위하여 흉기를 가방에 숨겨가지고 여인숙에 숙박을 했습니다. 그리고 기회를 엿보던 중에 전도사님의 하시는 말씀을 듣고 마음이 아팠습니다. 저는 어린 시절 주일학교에 다녔습니다. 전도사님의 말씀을 들으면서 하나님이 나에게 책망하시는 것처럼 들렸습니다. 내가 얼마나 나쁜 놈인지 … 마음이 괴로웠습니다.

만일 전도사님이 아니었다면 저는 주인 집 가족을 해쳤거나 전도사님을 해쳤을지도 모릅니다. 어쨌든 저는 범행을 포기하고 여인숙을 나왔습니다. 저의 잘못을 용서해 주십시오.

저는 이제 마음을 정돈하고 새로운 삶을 살아가려 합니다. 전도사님 못된 저를 위해 기도해 주십시오. 이만 줄입니다." 주소도 이름도 없이 편지는 여기서 끝이었다.

며칠 후 주인은 나에게 "전도사님 미안합니다. 이런 곳에 사실분이 아니신데 많이 힘드셨지요? 여기 전세금을 돌려드립니다." 깍듯이 존대어를 쓰면서 공손히 전세금을 돌려주셨고 나는 무사히 이사할 수 있었다.

그 청년은 그 후 어떻게 되었을까? 그리고 하나님이 왜 나를 잠시 그 여인숙에 머물게 하셨는지도 알 것 같았다.

역장님의 신앙

내가 대구 달성공원 앞에 있는 D교회에 교육전도사로 일했을 때 50대 후반의 깔끔하고 밝은 성격의 여자 집사님이 계셨다. 주일이면 언제나 60대 초반의 남편과 함께 함께 교회에 나오셨는데 남편은 평생 역장으로 일하시다가 은퇴하신 분으로 초신자였지만 주일예배는 빠지지 않는 분이셨다.

당시 담임목사님이 자주 부흥회 인도차 나가시면 나는 목사님의 부탁하심으로 주일에 빠진 성도들 가정을 심방하는 일이 자주 있었다.

역장님은 항상 단정한 옷차림에 기품 있는 모습이었고, 거의 성도들과 대화를 나누지 않았기에 친한 사람은 없었던 것 같았다. 나는 그 가정에 심방할 때면 역장님과 대화를 나누며 신앙이야기를 하고 싶었다.

그러나 주일예배에 빠진 날이 있어서 심방을 가도 여자 집사님만 만날 뿐 역장님은 한 번도 만나지 못했다. 알고 보니 심방을 갈 때마다 외출해 버리거나 다른 방에 숨어버리고 심방예배를 받지 않으려는 것이었다.

내가 아직 어린 전도사여서일까 아니면 싫으신 걸까? 이런저런 생각을 했지만 정확한 원인을 알지 못했다.

그러던 어느 날 그 가정에 심방을 가게 되었는데 놀랍게도 역장님이 문 앞에 나와서 너무나 반가운 얼굴로 인사를 하며 영접하시는 것이 아닌가?

그날 처음으로 심방예배를 드리고 난 후 역장님은 나를 향해 이렇게 말씀하셨다. "전도사님 제가 그 동안 심방을 오셔도 인사도 못하고 실례를 한 것을 용서하시기 바랍니다. 그런데 얼마 전 저에게 신비한 일이 일어났습니다."

나는 호기심 어린 눈으로 역장님을 쳐다보며 다음 말씀을 기다렸다,

"제가 주일 날 교회에서 목사님 설교 말씀을 듣다가 요한복음 1장 12절 말씀을 깨닫게 되었습니다. '영접하는 자 곧 그 이름을 믿는 자에게는 하나님의 자녀가 되는 권세를 주셨다.'는 말씀입니다. 제가 교회에 다니며 예수님을 믿었으나 내가 하나님의 자녀가 되었다는 확신이 없었습니다. 그러나 그날 말씀을 듣고 나니 이제는 하나님의 자녀가 된 것을 깨달았고 처음으로 하나님을 아버지라고 부르며 기도하게 된 것입니다.

이전에는 교회에 나가면 그냥 하나님이라고만 부르며 기도했었는데 이제는 아버지라고 부르게 되면서 내가 하나님의 자녀된 것이 믿어지고 마음속에 신비한 행복을 체험하게 되었고 하나님과 훨씬 가까워진 것 같습니다. 이런 것을 은혜받았다는 것으로 생각할 수 있는지요?"

나는 너무나 놀랍고 감사한 마음이 들어 역장님께 말씀드렸다.

"네 그렇습니다. 하나님께서 역장님 마음속에 큰 은혜를 주신 것입니다. 앞으로 신비한 체험도 많이 주실 것입니다. 이제 하나님을 아버지로 섬기게 되었으니 더욱 친밀해지시고 기도의 교통도 많이 하시기 바랍니다. 그리고 초보적인 진리에서 더 깊고 놀라운 은혜를 많이 체험하시고 믿음이 더욱 자라나시며 성령의 충만함도 받으시기를 바랍니다."

그날 이후 역장님의 얼굴은 밝아졌고 즐겁고 기쁜 신앙생활을 하심으로써 훌륭한 그리스도인이 되었다.

예수 그리스도는 실존인물인가

공자나 소크라테스, 석가모니가 실존인물임을 의심하는 사람은 거의 없지만 그들보다 400년 정도 후에 이 세상에 계셨던 예수 그리스도가 실존인물임을 의심하는 사람이 많습니다. 그 이유는 공자나 소크라테스 같은 분들은 우리 인간과 공감이 가는 삶을 살았고, 특히 석가모니 같은 이는 인간의 생로병사 같은 고민 속에서 진리를 발견했다는 점에서 이해가 가는 인물입니다.

그러나 예수님의 생애는 우리 인생과 너무나 다른 신비한 인물이었기에 사람들은 그분의 존재를 믿지 않으려 한다고 생각할 수 있습니다. 특히 그분이 전한 말씀은 마치 하나님처럼 말씀하셨기 때문입니다.

"내가 곧 길이요 진리요 생명이다."라고 하신 말씀이나 "나는 태초부터 있느니라." 하셨고, "나를 믿는 자는 죽어도 살겠고 … 영생하리라는 말씀을 하셨습니다."

뿐만 아니라 그분이 행하신 신비한 일들이 인간으로서는 이해할 수 없는 일이었기 때문입니다. 예를 들면 풍랑이 일어난 바다를 향하여 "고요하라, 잠잠하라!" 하시니 곧 잠잠해 진 것이나, 침상에 메여 온 중풍병자에게 "일어나 네 상을 들고 걸어가라!" 하시니 즉시 일어나 걸어갔으며, 죽은 자를 세 사람이나 살리신 기적, 그리고 수를 셀 수 없는 수많은 기적과 권능을 보이신 분이었기에 너무 신비한 사실에 믿을 수 없을 것입니다.

유명한 유대인 역사가인 요세푸스가 쓴 그의 책((Antiquities, 18권 3장 3절)에서 예수의 역사성에 관하여 다음과 같이 기록된 것이 있습니다.

"이 시대에 예수라고 불리는 현인이 있었다. 그의 행실은 선하였고, 그의 학식은 뛰어난 것이었다. 그리고 유대인들과 다른 나라들 가운데서 많은 사람들이 그의 제자가 되었다. 빌라도는 그를 정죄하여 십자가에 못 박혀 죽도록 하였다. 그러나 그의 제자가 되었던 자들은 그의 제자되기를 포기하지 않았다. 그들은 그가 십자가에 못박혀 죽은 지 삼일만에 그들에게 나타났고, 그가 살아났다고 보도하였다. 따라서 그는 아마도 선지자들이 놀라움으로 자세하게 말했던 메시아였을 것이다."

또한 당시 재판장이었던 로마 총독 빌라도의 가이사 황제에게 보낸 보고서에 의하면 예수님의 생애에 대한 자세한 기록이 담겨있음을 볼 때 예수님이 실존인물임을 확실하게 알 수 있습니다.

무엇보다 확실한 것은 예수님의 제자들이 기록한 예수님의 생애와 그 말씀들을 보면 의심할 여지가 없습니다. 마태 · 마가 · 누가 · 요한 · 바울 · 베드로 · 야고보 등이 생명을 내걸고 성경을 기록하여 후대에 남겼으며, 그들은 순교하면서까지 예수의 증인이 되었던 것입니다.

예수님과 정치운동

예수님 당시 이스라엘은 로마의 지배 아래 있었다. 따라서 유대지도자들의 간절한 기다림은 구약 성경에 예언된 메시아가 나타나셔서 이스라엘 나라를 로마 속국에서 해방시키고 다윗과 솔로몬 시대 이상의 위대한 메시아 왕국을 건설하기를 고대하고 있었다.

그때 예수님이 나타나셔서 큰 권능과 능력을 행하시며 놀라운 진리의 말씀을 전파하심으로 사람들은 그렇게도 기다리던 메시아이신 것을 믿고 기대하며 따랐다.

예수님이 통치하시는 메시아 왕국이 설립되면 그를 따르던 제자들도 높은 지위를 얻게 되리라는 기대를 가지기도 하였다. 어느 날 제자들이 질문하기를 "주께서 이스라엘을 회복하심이 이때이니이까?" 질문했지만 예수님은 "내 나라는 세상에 속한 것이 아니"라고 하시며 아무런 정치운동도 하지 않으셨다.

오직 하늘나라 진리만 증거하시며 복음을 가르치심과 병든 자를 고치시는 착한 일만 하셨다. 그리고 예수님은 30대 초반의 젊은 나이에 십자가에 못박히셔서 죽으심으로 인류의 죄를 대속하신 속죄제물이 되셨다.

따라서 기독교의 궁극적 목적은 세상나라가 아닌 천국건설에 있음을 알고 기독교 지도자들도 정치와 종교를 분리하여 정치활동을 하지 않는 것을 원칙으로 하고 있다. 그러나 교회 지도자들은 교회 안에 훌륭한 정치가나 경제, 교육가들을 배출하여 그들로 선한 일을 할 수 있도록 하는 것이다.

예수님 탄생 당시 해롯왕은 야곱(이스라엘)의 후손이 아닌 에서의 후손 에돔 족속이었고, 누가복음에는 예수님께서 해롯을 가르켜 "저 여우"라고 표현 한 것을 보면 해롯을 인정하지도 않으신 것이다.

어느 날 예수님께 나아와 재산문제를 해결해달라는 사람의 요청도 단연코 거절하신 것은 노동운동이나 사회운동도 하지 않으신 것을 알 수 있다. 따라서 오늘날 교회 지도자들 중에는 직접 정치운동이나 사회운동을 하는 사람과 하지 않는 사람들로 나누어진다.

둘 다 자신이 받은 사명대로 일하면 될 것이기에 어느 것이 옳거나 틀렸다고 하고 싶지는 않다. 그러나 정종분리의 길을 따르는 것이 옳은 것이라 할 것이다

올드미스의 결혼

K목사는 그가 목회하는 교회에 40이 넘은 올드미스가 있어서 늘 걱정이었다. 어서 좋은 배우자가 나타나서 결혼할 수 있기를 날마다 기도하였다.

연로하신 그녀의 어머니는 언제나 입버릇처럼 하시는 말씀이 "내가 죽기 전에 딸이 결혼하는 것 보아야 할 텐데 … 목사님 우리 딸 속히 결혼하도록 중매해 주세요. 어릴 때는 셋 중에 제일 이쁜 딸이었는데 어쩌다가 살이 너무 쪄서 저렇게 되었어요."

실제로 오집사는 해비급에 속하는 비만이었다. 그러나 오집사는 홀어머니를 지극정성으로 잘 모시는 효녀였고, K목사가 심방을 가는 날엔 정성을 다하여 다과를 준비하여 대접하는 친절하고 마음이 넉넉한 집사였다.

목사는 새벽기도 때마다 그 가정을 위하여 기도하며 좋은 배필 주시기를 간구하던 중 44살 되었을 때에 좋은 소식이 왔다. 오집사가 다니는 직장 선배 중에 46세된 총각 과장이 오랫동안 오집사를 좋아하다가 드디어 사랑을 고백하게 되어 결혼이 될 듯하다는 것이었다.

세상에 짚신도 짝이 있는 법이라더니 정말 이런 일이 있을 줄은 예견치 못했다. 그리고 얼마 지나지 않아서 K목사 주례로 드디어 결혼식을 하게 되었다.

K목사는 기쁨으로 주례를 하면서 간절하게 하나님께 복을 기원하였다

"하나님, 오늘 결혼하는 이 새 가정에 건강의 복을 주시고 범사에 잘되고 형통하는 복을 주시며 적당한 자녀의 복도 주시어서 행복하게 살게 하소서……."

결혼 이후 K목사는 두 사람이 행복한 삶을 위해 기도했지만 가장 큰 문제는 나이가 너무 많아서 자녀를 낳지 못하면 어쩌나? 염려가 되었다. 그러나 하나님이 복을 주시면 능치 못함이 없음을 믿고 결혼 이후 끊임없이 자녀가 잉태되기를 위해 기도를 계속하였다.

"하나님 백세가 된 아브라함에게 이삭을 주시고 잉태하지 못하는 한나에게도 사무엘을 주신 하나님 오집사에게도 자녀를 주시기를 원합니다."

날마다 기도하며 기다렸다. 결혼 이후 2개월이 지난 어느 주일날 목사는 예배를 마치고 나가는 오집사에게 물었다.

"집사님 좋은 소식 없어요?" 웃으며 말했더니 오집사는 놀라면서 목사님 무슨 소식 말씀이세요? "나는 2개월간 자녀를 주시라고 하나님께 기도 드렸는데……."

목사의 말이 끝나기도 전에 오집사는 몹시 당황하면서 "목사님 죄송해요. 미리 말씀드려야 하는데, 결혼 전 의사선생님 말씀이 저는 애기를 낳을 수 없데요. 결혼하면서 남편도 그렇게 알고 결혼했습니다. 목사님 정말 죄송해요." 오집사는 얼굴이 붉어진 채로 미안해 하며 집으로 돌아갔다.

그날 이후 2주간이 지난 주일날 오집사 부부가 이전과 달리 일찍 교회에 나와서 간절하게 눈물을 머금고 기도하며 주일 예배 드리는 것을 보고 믿음이 많이 자랐구나 생각되었다. 그런데 예배를 마치고 나가면서 오집사는 목사에게 다가오더니 귓속말로 "목사님, 며칠 전 몸에 이상이 있는

것 같아서 산부인과를 찾았더니 저 임신이래요. 목사님 기도해 주셔서 정말 감사합니다."

눈물을 글썽이며 오집사는 환한 웃음을 지며 교회당 문을 나갔다. K목사는 너무나 기뻐서 '오 하나님 정말 감사합니다! 할렐루야'

(1년 후 아들 동우를 낳아서 감사예배를 드렸다.)

완전한 교회

얼마 전에 나와 친하게 지내는 고향 교회 출신 H집사님을 만났더니 집을 이사한 후 교회를 정하지 못해서 힘이 든다고 하면서 다음과 같은 이야기를 했다.

이사간 집 바로 가까이 100미터 정도 거리에 있는 S교회를 나갔더니 목사님이 매우 친절하고 온유한 분이신데 … 설교 말씀을 아무리 귀를 기우려도 무슨 말씀이신지 알아들을 수가 없다는 것이었다. 언어구사 자체가 만연체 스타일이어서 지루하고 조직적이지 못하고 박력이 없어서 교인들이 모두 졸고 있다는 것이었다.

그래서 그 다음 주일에는 비슷한 거리에 있는 D교회를 찾아갔더니 예배당이 지하실이어서 냄새가 많이 나서 싫고 목사님의 말씀은 좋은데 교만해 보이고 신령한 맛이 나지 않아서 싫다는 것이었다. 특히 새벽기도시간에 늦게 나오시고 기도시간에도 강대상 뒤에 앉으셔서 졸고 계시는 것 같다는 것이었다.

그 다음 주일에는 천명 이상 모이는 큰 교회 예배에 참석했더니 작은 교회에서 가족적인 분위기로 신앙생활 했었는데 큰 교회에서는 그런 맛이 없고 관심을 가져주는 사람도 없어서 정이 가지 않는다는 것이었다.

그 다음 수요일에는 A교회를 나갔더니 교인이 두 명 밖에 없어 너무 썰렁해서 싫고 지나치게 붙잡아서 등록시키려고 하는 것이 부담이 된다는 것이었다.

결국 이사한 후 한 달 동안 여러 교회를 다녀봐도 마음에 드는 교회가 없어서 교회를 정하지 못했다는 것이었다.

나는 H집사에게 이렇게 말했다. "이 지상에는 완전한 교회는 없어요. 모두 문제가 있고 불완전한 교회이기에 내가 그 교회에 가서 도움을 받으려 하기보다 무엇을 도울까 생각하며 교회를 정하세요.

그리고 하나님이 완전한 교회를 찾으려는 집사님을 어떻게 보실까요?

요한계시록에 나오는 일곱 교회 가운데 두 교회만 책망이 없고 칭찬만 있는 교회였지만 칭찬받는 두 교회도 많은 환란과 궁핍 속에 고난을 당하였고, 마귀가 끊임없이 시험을 하여 고통을 당하고 악한 자들이 있어서 괴롭게 하리라고 했어요.

집사님 자신도 하나님 앞에 불완전하고 흠이 많은 존재임을 생각하시며 그런 나를 사랑하시고 은혜주시는 하나님께 감사하며 겸손히 신앙생활하세요."

한국에서 손꼽히는 유명한 목사님이 계신 교회 잘 아는 권사님을 만났는데 "권사님은 G목사님이 계신 교회 다니시니 얼마나 행복하시지요?" 라고 했더니 권사님이 웃으면서 대답하시기를 "우리 교회 목사님이 설교를 잘하신다고 모두들 말하지만 계속 들어서인지 설교 잘하신다는 생각이 들지 않아요. 계속 듣다보면 다 그렇고 그렇지요. 그리고 개척 당시부터 함께 하다 보니 흠이 많이 보여서인지 별로 은혜가 안 되지만 그냥 오늘까지 다닌답니다."

전철에서 있었던 일

그날도 아침 9시경 을지로에 가려고 전철을 타게 되었다. 러시아워가 지난 시간인데도 전철은 많은 손님들로 붐비는 편이어서 빈자리가 없었다. 한 정거장을 지났을 때 마침 내가 서 있는 앞자리에 앉았던 손님이 내리게 되어 나는 자리에 앉을 수 있었다.

그리고 좌우를 살펴보았더니 키가 작고 초라해 보이는 할머니 한 분이 조그만 가방을 들고 내 앞에 서 계시는 것이 마음에 걸렸다. 내가 자리를 양보해야 하나? 나도 오십을 넘긴 나이인데……. 혹 나보다 더 어린 젊은이가 없는가 하고 살펴보니 몇 명의 젊은이가 있었지만 아무도 자리를 양보할 마음이 없는지 눈을 감고 못 본 체하고 있었다.

이윽고 나는 자리에서 일어나서 할머니를 향해 "할머니 여기 앉으세요." 하며 일어섰더니 할머니는 당연한 듯 고맙다는 말도 없이 자리에 앉으시며 사람들 틈 사이로 누구를 찾는지 두리번거리셨다.

나는 고맙다는 표정 한 번 보여주기를 바랐지만 당연한 듯 자리에 앉는 할머니를 보고 조금 섭섭한 마음이 들었다. 나는 할머니 앞 위에 달린 전철 손잡이를 잡은 체 서 있었다. 그리고 할머니 얼굴을 자세히 바라보았더니 심술이 더덕더덕 붙어보였고 자리를 양보한 후 앞에 서있는 나에 대한 미안함도 전혀 없어 보였다.

나는 은근히 서운한 마음이 들었다. 자리 양보를 하지 말아야 하는데……. 그러나 나는 고개를 저으며 너는 크리스찬인데 잘 했어. 당연한 일이야 … 하며 혹시 내리는 사람이 없는가 하고 주위를 살폈다.

그때 할머니 옆자리에 있던 아주머니가 자리에서 일어나 내리는 것이었다. 나는 그 자리에 앉으려고 하는데 갑자기 할머니께서 손가방을 그 자리에 놓으면서 날카롭게 소리쳤다. "얘 윤희야, 여기 자리났다. 빨리와."

나는 순간 기가 막히고 어이없는 일에 앉지도 못하고 멍하니 서 있었다. 잠시 후 사람들 틈새를 비집고 시골티가 나는 젊은 여자가 나타났다. "엄마 자리잡으셨네. 오늘 따라 왜 이렇게 손님이 많지?" 하며 그곳에 털석 앉았다. 순간 나는 자리 양보한 것이 후회가 되었고 할머니에게 시비를 따지고 싶었다. 그러나 나는 꾹 눌러 참았다. 내가 젊어 보이는 모양이지. 나는 아직 서 있을 만하니까. 이때 을지로 3가를 알리는 안내방송이 들렸다.

나는 휴 … 한숨을 내쉬며 전철에서 내렸다. 그리고 할머니를 생각했다. '자리 양보해 주어서 고마워요. 여기 자리가 비었으니 앉아요.' 할머니의 그런 말이 몹시 듣고 싶었는데 … 그리고 옆자리가 비었을 때 나를 앉게 해 주었다면 얼마나 좋았을까 생각하며 바쁘게 걸어갔다.

지금 죽었으면 좋겠어요

몇년 전 신학교동창 부부모임에 갔더니 당시 72세된 친구 부인이 말했다. "목사님, 저는 요즘 참 많이 살았다는 생각이 들면서 지금 죽었으면 딱 좋겠다는 생각이 들어요. 앞으로 병이 들고 기운이 없어지면 자식들 괴롭히게 되잖아요. 지금 하나님이 부르시면 딱 알맞게 살다가 가게 되는 것 같아서요."

"아니 무슨 말씀을 그렇게 하세요? 아직 건강하시고 한창 행복을 누리실 때인데? 요즘은 웬만하면 팔구십을 사는데 그런 말씀하시면 안 되지요."라고 했지만 나는 충격을 받았다

아직 한 번도 그런 생각을 해본 적이 없기에 곰곰이 생각에 잠겼다. 그 친구부인의 믿음이 나보다 낫다는 생각이 들었기 때문이다.

그 후 나는 75세를 보내면서 처음으로 나도 지금 죽으면 좋을 것 같다는 생각이 들어 "하나님 많이 살았습니다. 이제는 언제 부르셔도 감사함으로 하나님 나라에 가고 싶습니다."라는 기도를 하게 되었다.

성경에 보면 하나님의 사랑을 많이 받았던 다윗왕도 70세에 죽었고, 솔로몬은 60대에 세상을 떠난 것이 분명하다. 유다의 히스기야 왕은 39세에

병에 걸려 죽게 되었을 때 하나님께 눈물의 기도를 하여 15년 수명이 연장되어 54세에 죽었다. 나는 77세를 살았으니 얼마나 오래 살았는가?

예수님은 33세 경에 십자가에 달려 죽으셨고 그 옆에 있던 강도도 주님을 믿고 기도할 때 오늘 네가 나와 함께 낙원에 있으리라는 말씀을 보면 죽음의 관문을 통과하면 바로 영혼이 영광의 나라에 들어감을 생각할 때 죽음을 두려워할 이유가 없는 것이다.

이런 생각을 하다보면 은근히 죽음의 날이 기다려지기도 한다. 그렇다면 불치병에 걸려도 두려워할 이유도 없고, 도리어 감사할 일이 아닌가? 이러한 믿음을 가진 스데반은 핍박을 받아 돌에 맞아 죽으면서도 "주 예수여, 내 영혼을 받으시옵소서." 기도하며 "보라. 하늘 문이 열리고 주 예수께서 영광의 보좌 우편에 서신 것을 보노라."고 외친 것이다.

요한복음 14장 1절에 예수님이 친히 하신 말씀에 "너희는 마음에 근심하지 말라. 하나님을 믿으니 또 나를 믿으라. 내 아버지 집에 거할 곳이 많도다 … "라고 하신 말씀을 생각하면 더욱 천국에 들어가고 싶어진다.

디엘 무디선생이 죽음 앞에서 남기신 말씀 중에 "보아라. 저 건너편에 빛난 곳이 보인다. 사람들이 나를 향해 손짓하고 있구나."라는 말씀을 생각하면 나에게도 영의 눈이 열어져 볼 수 있다면 참으로 그날이 기다려진다.

참된 평안

성 어거스틴은 "주님 당신의 품에 안기기 전에는 참 평안이 없었습니다."라는 유명한 말을 남겼다. 그는 온갖 세상 쾌락의 길과 죄악의 길을 헤매며 사교계를 방황하고 술과 여자를 탐했지만 참 행복을 얻지 못하다가 회심한 이후 하나님께로부터 오는 참 평안을 얻었을 때 그의 참회록에 귀중한 고백을 한 것이었다.

예수님은 사랑하는 제자들에게 "나의 평안을 너희에게 주노라. 내가 주는 것은 세상이 주는 것 같지 아니하니라."라고 말씀하셨다.

참된 그리스도인들에게 주시는 주님의 평안은 상대적이 아닌 절대적인 평안으로 세상의 어떤 것과도 바꿀 수 없는 하늘의 평안이요 행복인 것이다. 나는 이 평안을 십칠세 경에 중생과 함께 체험하게 하셨고 내 속에 항상 머물러 있어서 행복을 누리게 하셨다.

약물 투여로 얻는 행복은 잠깐뿐이며 그러한 쾌락이 지난 다음에는 더 큰 허탈감과 슬픔이 찾아온다. 그러기에 수많은 사람들이 마약을 통해서 일시적인 쾌락을 추구하다가 결국 폐인이 되지만 그리스도 안에서 얻는 기쁨은 영속적이며 절대적이기에 참 행복이 주어지는 것이다.

그리스도 안에서의 기쁨과 행복은 구원의 기쁨이요 속죄함 받은 자의 기쁨이다. 그리스도인은 천국시민권을 얻었고 우리 속에 거룩한 하나님의 영이 임재하신 기쁨인 것이다. 이러한 기쁨을 수많은 성도들이 체험했기에 그들은 믿음을 지키며 순교할 수 있었고 온갖 고난이 와도 이길 수 있었다.

이 기쁨과 평안이 있기에 바울과 실라도 빌립보 감옥에서 매맞고 쇠사슬에 메어 감옥에 갇혔지만 밤중에 찬송하고 기도할 수 있었고 옥문이 열리고 쇠사슬이 풀리는 신비한 은총도 체험하게 된 것이다.

참새 한 마리의 교훈(마태10;29-31)

"참새 두 마리가 한 앗사리온에 팔리지 않느냐. 그러나 너희 아버지께서 허락하지 아니하시면 그 하나도 땅에 떨어지지 아니하리라. 너희에게는 머리털까지 다 세신 바 되었나니 두려워하지 말라."

어느 날 이 말씀에 은혜를 받고 나의 삶 속에 거의 모든 문제가 해결되었다. 하나님께서는 세밀하게 우리의 삶을 살피시고 섭리하신다는 것을 깨달음이다.

10만개 이상 되는 머리털 하나도 세밀하게 살피시는 하나님이시며 또한 하나님이 허락하지 아니하시면 … 이란 말씀에서 하나님이 주장하시고 허락하심 아래서 되어진다는 것이다.

하나님의 크신 사랑을 받은 다윗이 범죄함으로써 아들 압살롬에게 쫓겨 갈 때, 사울왕의 종 시므이가 돌을 던지고 티끌을 날리며 다윗을 조롱하고 저주할 때 다윗이 눈짓만 해도 신하들이 당장에 시므이의 목을 칠 수 있었지만 다윗은 이를 허락지 않고 하나님이 저를 통해 나를 저주하라 한 것이니 가만두라고 하여 그를 해치지 않았다.

우리 주위에 이루어지는 모든 일들이 하나님의 허락 하에 움직인다고 생각하면 우리는 모든 것에 감사하며 두려운 마음으로 순종하게 될 수 있다.

어느 날 아내나 남편이 나를 비난한다면 그것도 하나님이 허락하신 일이라 생각할 때 어찌 감히 서로를 향해 비난하고 싸우거나 하지는 않을 것이다.

어느 때는 가장 친한 친구가 나를 해치는 말을 할 때도 하나님의 허락 가운데 이루어졌다고 생각하면 그 이유를 생각하며 감사할지언정 결코 섭섭하게 생각하거나 다투지 않아야 할 것이다.

이런 자세를 가진다면 우리는 모든 사람과 더불어 화평하며 살 수 있다. 그리고 모든 일을 협력하여 선을 이루심을 믿고 감사하며 살아야 한다.

참 좋으신 하나님께서 항상 지켜주시고 함께 하실 것이기에 모든 것을 맡기고 감사함으로 살아가면 행복하게 되는 것이다.

천국과 지옥은 정말 존재하는 것일까요?

나는 분명히 천국과 지옥이 있다고 생각한다.

인간은 어느 누구를 막론하고 천국과 지옥에 대한 관념이 있다. 교회를 다니는 사람이든 안 다니는 사람이든 천국과 지옥을 이해한다. 이러한 관념이 있다는 것은 천국과 지옥이 존재하는 증거라고 생각한다.

또한 이 세상에는 인간의 본능적인 욕구를 만족시키는 것들이 모두 다 있다. 먹고 싶으면 먹을 것이 있고, 가고 싶으면 걸어 갈 수 있고, 보고 싶으면 눈이 있어 볼 수가 있다. 결혼하고 싶으면 남녀의 비율이 비슷하게 있어서 결혼도 할 수 있다.

그러나 늙고 싶지 않고 죽고 싶지 않다고 하는 욕망을 만족시키는 것은 왜 없을까? 그것도 분명히 신께서 만들어 놓으셨다고 생각된다.

인간은 누구나 그런 파라다이스를 꿈꾸고 있다. 분명히 파라다이스가 있기 때문이다. 질병도 없고 전쟁도 없는 평화와 사랑과 기쁨만 가득한 것을 간절히 바라는 대상이 있는데 그것이 바로 천국이라 생각된다.

이 세상에는 수많은 부조리가 많다. 악인이 떵떵거리며 잘 사는가 하면 착하고 의로운 사람들이 고난당하고 억울한 일을 당하는 것이 얼마나 많은가? 충신들이 누명을 쓰고 죽임을 당하고 간신들이 득세하는 일은 역사상 얼마나 많은가?

이러한 것들을 공평하게 심판하실 하나님이 존재하시며, 그러한 의인들이 들어갈 천국이 분명히 있으며, 악인들이 형벌을 받아야 하는 지옥도 분명히 존재한다고 믿는다.

그리고 천국과 지옥에 대한 최고의 권위자는 예수 그리스도이시다. 성경에 기록된 예수님의 말씀은 결코 허황한 이야기가 아닌 진리라고 믿는다. 그분의 말씀을 기록한 복음서를 보면 거의 모두가 천국에 대한 말씀들이다.

저 하늘의 수많은 별들과 우주 만물을 바라보노라면 신께서 예비하신 영원한 천국이 분명히 존재하고 있음이 믿어진다. 희망사항이 아니라 실제로 있다고 믿을 때 우리는 소망 중에 살아갈 수 있다.

파스칼의 신비체험

프랑스가 낳은 위대한 물리학자요 수학자며 신학자요 철학자인 파스칼은 천재라고 해도 틀림없다. "인간은 생각하는 갈대다."라고 말한 그가 쓴 팡세라는 명상록에 신비한 영적 체험의 글이 기록되어 있다.

파스칼은 "마음은 이성이 알지 못하는 이성을 갖고 있다."며 "우리는 이성에 의해서 뿐만 아니라 우리의 마음을 통해서 더 많은 진리를 알게 된다."고 말했다.

파스칼은 "진심으로 진리를 알고자 원한다면 그러한 생각을 가진 것으로 만족해서는 안 된다. 더욱 세밀히 살펴보아야 한다."

파스칼은 심한 병고에도 불구하고 같은 병원에 입원한 사람들에게 봉사하다가 세상을 떠났다. 그가 죽은 뒤 가족과 친지들은 그가 남겼던 메모들을 모아 번호를 붙여 보관했다가 문제 중심으로 배열하여 하나의 단행본으로 만들었는데 그 책이 바로 '팡세'(명상록)라는 책이다.

'팡세'에는 1654년 파스칼이 강력한 영적 체험을 하여 그 체험의 상세한 내용을 양피지 조각에 적은 후 그의 겉옷에 꿰매어 숨긴 이야기가 기록되어 있다.

파스칼은 1654년 은혜의 날 밤 약 10시 30분부터 자정이 지난 30분까지 영적 체험을 했다고 한다. 그 기록의 상단에는 빛으로 둘러싸인 십자가가 그려져 있었고, 그 아래에는 다음과 같은 내용의 글이 적혀 있었다고 한다.

"프랑스 철학자나 세상 학자들의 신이 아니라, '아브라함의 하나님, 이삭의 하나님, 야곱의 하나님.' 확신-기쁨-확신, 느낌-기쁨-평화, 예수 그리스도의 하나님, 세상을 잊고 하나님 외에는 모든 것을 잊음, 사람의 영혼의 위대함, 기쁨, 기쁨, 기쁨-그리고-기쁜 눈물. 당신 말씀을 잊지 아니하겠나이다. 아멘."

파스칼은 성경에 대하여 "나는 성경에 기록된 기적들을 사실로 믿는다."라고 했으며, 특히 예수그리스도의 행하신 모든 기적을 믿는다고 했다.

그는 날카로운 수학자였지만 하나님을 체험한 사실 앞에서는 신을 부인할 수 없었다. 마치 바울 사도가 기독교를 핍박하며 스데반 집사를 돌로 쳐 죽이는 일에 앞장섰고 기독교인들을 체포하려고 다메섹으로 가던 길에 해보다 더 밝은 빛과 함께 '사울아 사울아 네가 왜 나를 핍박하느냐'라는 음성을 듣고 '주여 뉘시니이까?' 했더니 나는 '네가 핍박하는 나사렛 예수'라는 말을 듣고 회개하여 새 사람이 되었고 죽기까지 평생 예수의 증인이 된 것처럼 파스칼도 그런 믿음으로 살았던 것이다.

하나님이 계신 증거

사람들은 흔히 말하기를 하나님이 어디 있느냐? 있으면 보여달라고 한다. 그러나 세상에는 우리 눈에 보이지 않는 것이 너무도 많다. 사람의 마음이 분명히 있지만 우리가 볼 수는 없다.

인간의 양심도 있지만 보이지 않는다. 더욱이 하나님은 신이시므로 죄를 범함으로 영안이 어두워진 우리 인간의 눈으로는 볼 수 없는 분이시다.

그러나 하나님께서는 특별한 사람들에게 친히 나타나셔서 그들의 영의 눈을 열어 하나님을 볼 수 있게 하셨다. 이스라엘 민족의 조상 아브라함에게 나타나셨고, 모세나 선지자들에게도 나타나셔서 진리를 계시해 주셨다.

또한 인간의 눈으로 볼 수 있는 천지만물이 하나님의 계심을 증거한다. 우주와 만물이 기묘하게 조직되어 있으며, 질서정연하게 움직이고 있다. 또한 아름답고 신기하게 그 목적을 이루고 있다. 그러므로 우주만물은 저절로 생긴 것이 아니라 창조된 것이라고 믿게 된다.

소련의 우주인 가가린은 우주여행을 하고 돌아와서 말하기를 "우주 어느 곳을 보아도 하나님이 없더라."고 말했다.

그러나 미국의 우주인 암스트롱은 달나라를 다녀오면서 성경 시편19:1절의 “하늘이 하나님의 영광을 선포하고 궁창이 그 손으로 하신 일을 나타내는도다.”라는 성경을 낭독하며 하나님을 찬송했다.

성경 로마서에도 “창세로부터 그의 보이지 아니하는 것을 곧 그의 영원하신 능력과 신성이 그 만드신 만물에 분명히 보여 알게 되나니 그러므로 저희가 핑계치 못할지니라.”라고 하셨다.

그리고 사람의 양심이 하나님 계심을 증거한다. 모든 사람에게는 선과 악을 분별하는 양심이 있다. 양심이 사람에게만 있는 것은, 하나님께서 사람들로 하여금 하나님의 뜻대로 살도록 하시려고 주셨기 때문이다.(벧전3:21)

또한 지구상 어느 민족이든지 종교심이 있다. 종교심은 곧 하나님이 계심을 증거하는 것이다. 종교심은 있지만 하나님을 바로 찾지 못하여 천체숭배, 우상숭배를 하게 된 것이다.

그리고 무엇보다 확실한 것은 성경말씀이 증거하고 있다. 피조물과 양심보다 성경은 하나님이 계신 것을 한층 더 구체적으로 증거하고 있다. 창1:1에 “태초에 하나님이 천지를 창조하시니라.”라고 말씀하고 있으며, 아브라함과 모세 등 수많은 사람들에게 나타나셔서 말씀하셨으며, 특별히 하나님의 아들 예수님이 이 땅에 오셔서 친히 하나님이 계심을 증거하시며 수많은 표적을 보여주시며 참된 진리를 증거해 주신 것이다.

하나님이 쓰시는 사람

부친께서 봉천동 형님댁에 계셨을 때 자주 봉천시장 길목에 놓인 작은 의자에 앉으셔서 오가는 사람들을 보시며 한가한 시간을 보내시곤 하셨다.

수많은 사람들이 오가는 중에 특히 고개 넘어 사당동에 있는 C신학교 학생들을 유심히 보시며 하시던 말씀이 지금도 생각난다.

"너는 어떻게 보는지 모르지만 신학생들의 모습이 하나같이 조금 모자라는 듯한데 내 눈이 잘못된 것인지 네 생각은 어떠냐?"고 물으셨다.

목사인 아들도 사실은 좀 모자라는 것을 아시는지…? 실은 내가 보아도 일반대학을 다니는 학생들보다 신학생들이 못나 보이는 것은 사실이었다.

옛날부터 일반대학 시험에 떨어져서 대학을 못가면 신학교라도 보내야겠다라는 말이 있었다. 그만큼 신학교 지망생이 적었고 또 무시험으로 들어갈 수 있었던 것으로 기억된다.

왜 그럴까? 목사가 되려는 사람은 가장 엘리트여야 하는데 미련하고 못난 삼류인생이 되어야 한다니 왜 하나님은 그런 사람을 쓰실까? 생각하며 성경말씀이 떠올랐다. 고린도전서 1장 26절에 보면 "형제들아, 너희를 부르심을 보라. 육체를 따라 지혜로운 자가 많지 아니하며 능한 자가 많지 아니하며 문벌 좋은 자가 많지 아니하도다. 그러나 하나님께서 세상의 미련한 것들을 택하사 지혜 있는 자들을 부끄럽게 하려 하시고 세상의 약한 것들을 택하사 강한 것들을 부끄럽게 하려 하시며……."

실제로 신학생 시절에 공부 잘하고 장학금 받은 학생이 목회를 잘하는 경우는 극히 드물었다. 도리어 공부도 별로였고 똑똑하지도 않던 친구가 큰 교회를 이루어 영향력 있는 목회를 하는 것을 흔히 보게 된다.

예수님 제자들도 맨 나중에 부름받은 바울 사도 외에는 별 볼일 없는 어부출신이나 세리출신의 사람을 제자로 부르셔서 위대한 역사를 이루게 하신 것도 사실이었다. 당시 성경에 능통했던 서기관이나 바리새인은 제자삼지 않으시고 미련한 이들을 부르셔서 위대한 일을 맡기셨던 것이다.

똑똑한 사람은 자기 지혜와 생각을 앞세우기 쉽지만 미련하고 둔한 인생은 오직 하나님만 믿고 의지하며 순종하기 때문이 아닐까 생각된다.

스스로 지혜롭다고 하는 인생은 자기 지혜를 의지하여 '신은 죽었다'라고 하거나, 모독하고 비판하며 잘난 체하기 쉽지만 못난 인생은 오직 하나님만 의지합니다. '나를 도와주소서. 나와 함께 하소서. 저는 하나님 없이 살 수 없습니다.'라고 할 때 그를 통하여 기적도 권능도 나타나며 하나님이 쓰심으로 큰 능력과 은혜가 임하는 것이라고 생각되었다.

찬송가에도 나 같은 죄인 살리신 주 은혜 놀라와 …처럼 못난 인생을 하나님이 새롭게 하시고 지혜롭게 하셔서 귀한 사역을 하게 하신다.

나의 학비마련

성서전문학교(B.I) 일년을 마치고 우리 집은 너무 가난했기에 2학년부터 학비를 어떻게 마련해야 할까? 계속 기도하며 하나님의 도우심을 간구했다.

내 마음 속의 생각은 방학 동안 적당한 일자리를 얻어서 등록금을 벌 수 있기를 소망했다. 그러나 그 당시에 그런 일자리를 구한다는 것은 나 같이 아무 기술도 없는 사람에게는 하늘의 별따기였다.

신학교 2학기 마지막 수업을 하는 날까지 아무런 길이 보이지 않았다. 12월 8일 2학기 마지막 수업하는 날 곽가전 교수님의 강의시간이었다.

본명이 "케더린 클락"이신데 한국 초대 선교사 곽안련 박사의 따님으로 훌륭한 교수님이셨다. 수업을 마치는 시간에 선교사님은 나를 향해 "미스터 구, 당신 수업이 끝난 후 의논할 일이 있어요. 교무실로 잠깐 오세요."

나는 무슨 일일까 의아해 하며 교수님을 따라 교무실로 들어갔다.

선교사님은 나를 향해 "미스터 구" 당신의 자존심이 상할까 조금은 염려되지만 나는 그 동안 기도하는 중에 하나님께서 내 마음에 당신을 도우고 싶은 마음을 주셨습니다. 그것은 미국에 있는 나를 아는 분들이 어려운 학생들을 돕기 위한 클럽을 조직하여 매월 학비를 보내오고 있습니다. 우리는 하나님이 당신을 너무 사랑하심을 알고 있습니다. 그래서 당신의 학비와 기숙사비 전체를 제공해 주고 싶습니다. 허락하시겠습니까?"

나는 순간적으로 하나님의 기도응답이라는 확신이 오면서 눈시울이 뜨거워졌고, 나도 모르게 "감사합니다. 실은 그 문제를 두고 기도하고 있었는데 하나님의 기도응답으로 알겠습니다."

그날 이후 졸업할 때까지 선교사님은 나의 생활 일체를 담당해 주셨고 나는 학비 염려 없이 공부에 전념할 수 있었다. 하나님의 보이지 않는 손길은 나를 도우시며 인도하신다는 확신이 왔다.

하얀 거짓말

수년 전 대통령에 출마한 어떤 분이 유세장에서 "여러분 저는 지금까지 살아오면서 한 번도 거짓말을 한 적이 없습니다."라는 말을 했을 때 저분이야말로 엄청난 거짓말을 하는 분이로구나 라는 생각이 들었다.

우리는 세상을 살면서 한 마디의 거짓말도 하지 않고 살아가기는 불가능하다고 생각된다. 흔히 하는 말 중에 장사꾼이 물건을 팔면서 이가 남지 않는다는 말과 처녀가 시집가지 않는다는 말은 드러난 거짓말이라고 한다.

그러나 우리는 세상을 살면서 할 수 있는 대로 거짓말을 하지 않아야 한다.

우리가 쓰는 용어 중에 새빨간 거짓말이라고 하는 표현이 있다.

'새빨간 거짓말'은 '뻔히 드러날 만큼 터무니없는 거짓말'이라는 뜻을 나타내는 관용구인데 그렇다면 하얀 거짓말, 선의의 거짓말도 있을까 생각해 보았다.

얼굴이 못생겨서 늘 고민하는 여자에게 "아름다우십니다." "많이 예뻐지셨네요."라고 하거나, 병으로 심약해 보이는 환자에게 "건강해 보이십니다."라고 하는 것, 나이 든 노인에게 "십년은 더 젊어 보이시네요." 등의 말은 하얀 거짓말이라 할 수 있지 않을까 생각해 보았다.

기독교 십계명 중 제9계명에 "네 이웃에게 거짓증거하지 말라."고 하셨다. 기독교뿐만 아니라 일반 세상 법에도 거짓말은 죄가 되는 것이다.

성경 사도행전에 나오는 아나니아와 삽비라 부부는 자기들의 밭을 판 돈 전부를 구제비로 바친다고 하면서 얼마의 돈을 감추고 전부라고 거짓말을 하다가 부부 모두 죽음을 당하는 사건을 볼 수 있다. 거짓말이 얼마나 무서운 것인가를 보여주는 것이다.

그런데 성경 여호수아 2장에 이스라엘의 정탐꾼 12명을 가나안 땅 기생 라합이라는 여인이 숨겨주면서 그들을 찾는 성지기들에게 이미 성을 떠났다고 거짓말을 하여 살려준 사실이 있다.

이로 인하여 기생 라합은 하나님의 큰 축복을 받아서 나중에 이스라엘 군대가 성을 점령했을 때 죽임을 당하지 않고 살게 되었을 뿐만 아니라 그리스도의 조상의 족보에 들어가는 축복의 사람이 된 것이다.

하나님의 사랑을 받은 아브라함도 외국 땅에서 자기 아내를 누이라고 하여 애굽왕이 자기를 죽이고 아름다운 아내를 빼앗을까 두려워 거짓말을 하였다.

야곱은 형 에서가 받을 장자의 축복을 받기 위하여 노환으로 눈이 어두운 아버지를 속이고 자기가 에서라고 거짓말을 하여 축복을 가로채는 일을 행했다. 하나님은 이러한 저들에게도 복을 주신 것을 보면 선의의 거짓말은 묵인해 주시는 것이 아닌가? 생각되어진다.

우리는 세상을 살아가면서 물건을 산 사람이 잘못 샀거나 마음에 안 들어도 "참 좋은데요."라고 칭찬해 주는 것도 선의의 거짓말이라 할 수 있다.

2009년도에 나온 "거짓말의 발명"이라는 영화가 있었다고 한다(인터넷 글). 내용은 거짓말이 존재하지 않는 세상에서의 삶을 그리는 영화이다.

한 남자가 아침에 늦게 일어나 출근이 늦어지게 되자, 사무실로 전화를 걸어 "오늘은 늦잠자서 지각할 것 같다."고 한다. 또한 막 출산한 아기엄마에게 "아기가 쥐새끼처럼 쪼글쪼글 하네요."라고 솔직하게 말하기도 한다.

그런데 어느 날 주인공 남자가 집주인에게서 월세 독촉을 심하게 받자 은행의 통장 잔액이(300달러)인 걸 알면서도 은행직원이 출금할 금액을 묻자 자신도 모르게 "통장 잔액이 800달러인데요."라고 부풀려 거짓말을 하고 만다.

거짓말이 세상에 태어난 순간이다. 그러나 거짓말이 없는 세상에 사는 은행직원은 그의 말을 의심할 수가 없다. 전산착오로 통장에 잔액이 잘못 기재된 것이라 생각하고 오히려 사과인사와 함께 그가 청구한 전액을 내준다. 그것이 시작이었다.

거짓말의 단맛을 알게 된 주인공은 스스로 거짓말을 발명했다고 생각하고 그 유희의 세계에 빠져들어 간다. 거짓말은 더 헛된 거짓말을 낳아 그의 말을 믿는 마을 사람들을 패닉상태로 몰고 간다. 거짓말이 얼마나 무서운 결과를 가져오는가를 보여주는 것이다.

결론적으로 우리가 살다보면 거짓말을 전혀 하지 않을 수는 없다. 거짓말이 없는 사회는 인정이 없고 인간성이 메마른 사회가 될 수 있기 때문이다. 그렇지만 선의의 거짓말도 조심해야 한다. 원만한 대인관계나 남을 위로하거나 상처를 주지 않기 위해서는 어느 정도 거짓말은 필요하다고 생각되지만 최선을 다해 거짓말을 하지 않아야 한다.

병원의 의사들이 큰 병에 걸린 환자에게 무슨 병에 걸렸는지 알려주었다가 기력이 떨어지고 살 희망을 잃지 않게 하얀 거짓말을 할 수 있다.

치료제가 없는 병에 걸린 사람에게 약효가 없는 약을 치료제라고 하여 환자에게 복용하였을 때 환자의 병세가 호전될 수도 있기 때문이다.

마지막 잎새라는 책에서도 존시라는 화가에게 희망을 주기 위해 베어만 할아버지가 마지막 잎새를 그려놓아 존시가 살아난 것처럼 선의의 거짓말은 사람의 생명까지도 구할 수 있다.

레미제라블에서 장 발장은 미리엘 신부가 한 선의의 거짓말을 통해 착한 사람이 될 수 있었다.

그러나 거짓말은 도덕적으로 옳지 못하기 때문에 정당화될 수는 없다. 예를 들어 뚱뚱한 사람에게 상처를 주지 않으려고 뚱뚱하지 않다고 선의의 거짓말을 했을 때, 이는 일시적으로 위안을 줄 수 있지만, 장기적인 관점에서 보았을 때, 비만을 방치한다면 심각한 질병으로도 이어질 수 있다. 이런 경우 "너는 좀 뚱뚱하지만 살을 뺀다면 예쁠거야."와 같이 진실된 말로써 위로를 해 줄 수도 있다.

그러나 그리스도인들은 할 수 있는 대로 거짓말을 하지 않아야 한다. 하얀 거짓말도 조심해야 한다. 선의의 거짓말까지도 조심하여 정직하게 살아야 한다.

한국에 의인은 몇 명이나 될까

성경 창세기에 기록된 소돔성은 의인 열 명이 없어서 하나님께서 심판하셨고, 예레미야 선지자 시대에는 예루살렘에 의인 한 명도 찾지 못해서 하나님이 멸망시킬 것을 말씀하셨다.

옛날 이스라엘 아합왕 시대의 엘리야 선지자는 갈멜산에서 우상숭배자 제사장들 850명을 모두 죽인 후 브엘세바로 도망가서 로뎀나무 아래서 "하나님 만족합니다. 이제 저의 생명을 취하셔도 됩니다. 모든 사람들이 우상숭배하고 나 혼자만 남았습니다."라고 기도드릴 때 하나님께서는 놀라운 말씀을 하셨다.

아직도 바알에게 무릎을 꿇지 않고 하나님을 섬기는 자들 7,000명을 남겨두셨다고 하셨다. 그리고 후계자 엘리사 선지자를 세우신 후 엘리야 선지자는 죽지 않고 하늘로 승천하게 하셨다.

필자의 생각은 한국에 의인이 많다고 생각되어진다. 그러기에 하나님께서 이만큼 잘 살게 하시고 망하지 않게 하신다고 믿는다.

성경에 기록된 의인들이 여러 명 나오지만 그들 역시 연약한 인생이었다. 예를 들면 믿음의 조상 아브라함도 몇 번이나 거짓말을 했지만 하나님께서는 그를 의인으로 인정하셨다.

노아 역시 당세의 완전한 자요 의인이라 했지만 술에 취하여 벌거벗고 잠들었다가 자식들에게 부끄러움을 당했다. 그러나 하나님께서는 그러한 노아를 의인으로 인정하셨다.

이는 인간이 하나님처럼 의로울 수는 없지만 육체를 가진 인간으로서 최선을 다하면 의인으로 인정해 주신 것이다. 예를 들어 하나님이 태양이시라면 인간은 한 촉광의 촛불이라 할 수 있다. 촛불이 태양처럼 밝을 수는 전혀 없지만 한 촉광의 빛만 내면 온전하다 할 수 있는 것과 같다.

그러나 더욱 중요한 것은 구약시대에도 하나님은 완전히 율법을 지키는 사람을 의인으로 인정하시기보다 그들의 믿음을 보시고 부족해도 의인이라고 인정하신 것이다.

노아의 믿음, 아브라함의 믿음이 의인이라는 칭호를 얻게 된 것이다. 그러기에 믿음의 의인은 구약시대에도 신약시대에도 적용되는 것이다.

지금도 후회되는 일

어느 따스한 봄날 저녁 때 내가 자취하고 있는 대구 비산동 집에 거의 다 왔을 때 골목길에서 20세 초반으로 보이는 한 아가씨를 보고 나도 모르게 아! 하고 감탄사가 입에서 나올 뻔했다. 하얀 얼굴, 날씬한 몸매의 별처럼 빛나는 눈동자를 가진 흰 블라우스를 입은 아가씨였다. 그냥 슬쩍 지나치며 잠깐 눈이 마주치기만 했는데 갑자기 온 골목길이 환해지는 듯한 느낌을 받았고 세상에 저렇게 예쁜 사람도 있을까 하는 생각이 들었다.

누군가 말하기를 사랑하는 데는 몇 초도 안 걸릴 수 있다더니 정말 그럴 수 있을 것 같았다. 나는 뒤돌아보고 싶은 강한 충격을 받았지만 갑자기 가슴이 두근거리면서 고개를 돌릴 수가 없었다.

가까이 사는 아가씨일까? 그냥 잠깐 왔다가 다녀가는 아가씨일까? 생각하며 어느새 세든 집에 도착하였다. 나는 고개를 흔들면서 생각하지 말자, 나와는 아무 상관없는 아가씨일 뿐이야 했지만 쉽게 머릿속에서 지울 수 없었다.

그때 내 나이 26살, 아직 한 번도 여자 친구를 사귄 적이 없는 나에게는 맘에 드는 이성을 보면 관심을 가질 나이였다. 나는 군 제대 후 학교를 다니고 있었고 아직 여자 친구를 사귈 만한 형편이 되지 않았다. 뿐만 아니라 결혼을 전제하지 않는 이성교제는 마땅치 않다는 생각을 하고 있었다.

애인이 있으면 경제적인 여유도 있어야 하는데 나는 그렇지를 못했다. 등록금 내기도 어려운 형편이었기 때문이었다. 아직 이사온 지 한 달이 못된 때여서 이웃을 잘 알지 못하는 나는 그 아가씨가 누구인지 알 수가 없었다.

그때 내가 자취생활하는 셋집에는 다섯 세대가 살고 있었는데 대구 달동네인지라 가난한 사람들뿐이었다 그리고 울타리 안에 사는 사람들이 나를 향해 "총각"이라고 부르거나 혹은 "학생"이라고 불렀다. 그 당시 나는 신앙생활을 열심히 하여서 울타리 안에 사는 이들에게 자주 전도를 하였고 성경이야기를 하노라면 모두가 재미있게 나의 이야기를 들었다.

바로 내가 세든 방 맞은 편에 사는 30대의 마음씨 좋게 생긴 아주머니가 자기도 교회에 가고 싶지만 아직 어린아이가 둘이나 있어서 힘들다고 하였다.

부자들이 사는 동네에는 이웃과 대화하기가 너무 어렵지만 그곳 달동네에는 모두가 시골처럼 서로 대화가 오가는 것이 참 좋은 것이라고 생각되었다. 내가 사는 집주인의 인심이 좋아서인지 항상 우리 집에는 이웃 사람들이 많이 드나들었고 주인집 마루에 걸터앉아서 온갖 이야기꽃을 피우는 것이었다. 그럴 때면 나는 슬며시 끼어들어 성경이야기나 신앙생활이야기를 해 주었고 모두가 귀 기울여 들으며 "저 총각은 말도 참 재미있게 잘 하네."라고 하였다. 나는 이따금씩 그분들에게 맛있는 것도 사드리고 친절도 베풀었다.

그리고 한 달 쯤 지났을 때였다. 그날도 아르바이트를 하러 나가는 길에 골목길 조그만 광장 앞을 지나는 때에 그곳에 놓인 의자에 앉아있는 아가씨를 보고 소스라치게 놀랐다.

지난 번 보았던 그 예쁜 아가씨였다. 여전히 초록빛 스커트에 흰 블라우스를 입고 뭔가 수심이 가득해 보이는 모습이었다. 아 … 이웃에 사는 아가씨구나 생각하며 두근거리는 가슴으로 똑바로 쳐다보지도 못하고 허둥대며 걸음을 재촉하였다. 나는 용기도 없고 내성적인 성격에 부끄러움도 많이 타는 못난이였기에 아가씨를 쳐다볼 수도 없었다.

내가 골목길을 벗어나려는 순간 "잠깐만요."라는 소리를 듣고 깜짝 놀라며 그녀를 향해 고개를 돌렸다. 나는 너무나 놀란 모습으로 그 자리에 서서 그녀를 쳐다보며 "왜 그러시지요?" 하고 물었다.

그녀는 잠시 살짝 수줍은 웃음띤 얼굴로 머뭇거리더니 "저 … 교회에 다니면 마음이 편안해 지나요?" 하고 물었다.

그녀는 나를 알고 있었다. 이웃에 기독교 신앙을 가진 학생이 이사왔다는 것을 알고 기회를 엿보다가 나를 만난 것이 분명하다. 어쩌면 내가 늘 이 시간에 지나간다는 것을 알고 기다리고 그곳에 있었는지도 모른다. 나는 순간적으로 하나님이 나에게 전도할 기회를 주셨다고 생각했다. 신앙에 대한 이야기를 하고 싶었다.

그러나 한편 염려가 되었다. 요즘 같으면 쉽게 대화를 할 수 있는 사회이지만 그 시절에는 내가 그녀와 이곳에서 대화하는 것을 사람들이 보면 저 총각이 예쁜 아가씨를 꼬실려고 한다는 오해를 하지 않을까? 교회 다니는 사람이 연애를 잘한다던데… 비난하지는 않을까?"라는 생각이 내 머리를 복잡하게 했다.

그리고 한편은 내가 너무 뜻밖에 그녀의 질문을 받고 당황해서 그보다도 그녀에 대한 관심을 가지고 늘 다시 만날 수 없을까 생각한 내 마음이 들킨 것 같아서 빨리 이곳을 피하고 싶었다. 다음 기회에 이야기해야겠다는 생각이 들어서 나는 조심스럽게 입을 열었다.

"네 그렇습니다. 신앙생활을 하시면 마음이 편안해 집니다. 그런데 저 죄송하지만 지금 빨리 가봐야 할 일이 있거든요. 다음 기회에 신앙생활에 대한 이야기를 들려드리고 싶습니다……." 나는 아무런 약속도 없이 그녀를 뒤로한 채 바쁜 듯이 그곳을 떠나갔다.

가면서 생각했다. 바보 같은 녀석, 지금 그녀의 고민을 들어주고 상담하며 진리를 가르쳐 주어야지 언제 다시 만난다는 거야. 언제 다시 만나겠다는 아무런 약속을 못한 것이 후회가 되었다. 그러나 한편 이웃에 산다면 또 만날 수 있을거야 … 막연한 생각을 하며 허전한 마음으로 일터로 향했다.

그 날 저녁 때 내가 일을 마치고 집에 돌아오면서 혹시 그녀가 없을까 골목길을 이리저리 살피며 그 광장 앞을 지났지만 그녀는 어디서도 볼 수 없었다. 그날 밤 나는 피곤한 몸으로 일찍 잠이 들었고 잠결에 사람들이 웅성거리는 소리를 듣고 잠을 깨었다. 시계를 보니 1시가 조금 지난 후였다.

바로 내가 살고 있는 옆집 창문에서 나는 소리였다. '아이고 그 못된 년이…그 못된 년이 그런 짓을 하다니…….' 여인의 울음섞인 음성이 들렸다. 나는 정신이 번쩍나서 귀를 기울였다. 그때 굵은 남자의 목소리가 들렸다. "글쎄요. 정말 너무 기가 막히네요. 이런 일이 있을 줄은 꿈에도 생각 못했습니다."

나는 이웃에 사는 어떤 여자가 무슨 큰 사고를 쳤나보다 생각하며 뒤척이다가 다시 잠이 들었다. 그리고 아침에야 확실한 소식을 들었다. 바로 어제 나에게 말을 걸었던 그 예쁜 아가씨가 비산동 북쪽으로 지나는 경부선 열차에 뛰어들어 자살한 것이었다.

나는 가슴이 타는 듯한 아픔이 왔다. '어제 내가 그녀와 대화를 나누었더라면, 그랬더라면 죽지 않았을 것인데, 아 … 내가 기회를 놓쳤구나.'

나는 방바닥에 무릎을 꿇고 하나님께 회개의 기도를 하였다. '하나님 용서해 주세요. 제가 하나님이 주신 기회를 놓쳤습니다. 제가 잘못했습니다. 용서하여 주소서.'

나는 아직도 그 일을 생각하면 깊이 후회를 한다. 가슴이 너무 아프다. 하나님의 심판대 앞에 설 때에 그 책임을 나에게 물으실 것 같기 때문이다.

법과 성서와 역사 연구소 연구서 제4권: 구청광 목사 씀, 은혜의 미학 간행의 글

마음으로부터 존경하고 흠모하는 구청광 목사님께서 평생의 목회활동 중에 창조주 하나님이 베풀어주신 은혜의 체험을 간증하는 "은혜의 미학"을 "법과 성서와 역사 연구소"의 연구시리즈 제4권으로 출판을 하게 되어 너무나 감사하고 기쁘고 은혜스럽습니다.

구목사님의 "은혜의 미학"은 목사님께서 17세 청년시절에 창조주 하나님의 은혜를 깊이 체험하시고 그 후 하나님을 위한 목회활동을 하시면서 은혜를 체험하셨을 때마다 정리해 두신 은혜의 글을 수필형식으로 엮은 수필집입니다. 그러므로 이 은혜의 미학은 은혜의 간증수필집이라 이름함이 좋을 저서입니다. 그러나 주님의 은혜가 너무나 순수하고 아름답고 감격스러워 "은혜의 미학"이라 이름 붙이셨습니다.

신앙은 창조주 하나님을 믿고 따르고자 하는 인간의 의사와 의지가 있어야 하지만, 창조주 하나님께서 은혜를 베풀어 주시고, 그 은혜를 체험하고, 그 은혜에 감격하고 감동하고 감사할 때에 신앙의 깊이가 더해진다고 생각합니다. 인간은 이성의 존재이지만 이성에는 한계가 있다고 생각합니다. 인간의 이성에 창조주 하나님의 은혜가 더 하여져야 인간이 진정으로 인격적인 존재가 되어 인격적인 삶을 살 수 있다고 생각합니다. 또한 인간이 이성만으로 모든 일을 다 할 수 있을 것 같지만, 창조주 하나님의 은혜가 없이는 불가능하다고 생각합니다. 창조주 하나님은 인간을 이성의 존재로 창조하셨지만, 항상 창조주 하나님을 향하여 하나님의 은혜를 구하도록 하고, 하나님의 은혜가 더하여져야 인간이 인간다운 인격적인 삶을 살 수 있다고 믿습니다. 창조주 하나님의 은혜는 믿음을 가진 분들이나 갖지 않으신 분들이나 다 같이 받아 누려야 할 귀중한 가치라 생각합니다. 창조주 하나님의 은혜를 받지 않고 오로지 자신의 이성과 의지만으로 살아갈 수 있는 사람은 이 땅에는 아마도 없을 것으로 생각합니다. 누구나 창조주 하나님의 은혜를 갈급하게 찾고 구하면서 살아가는 것이 인간이라 생각합니다.

구청광 목사님의 "은혜의 미학"은 바로 창조주 하나님의 은혜가 더하여진 인간의 삶의 순수와 아름다움을 수필형식으로 집필하신 내용으로 구성하셨습니다. 너무나 귀한 은혜의 수필이며, 은혜 간증의 수필입니다. 창조주 하나님께서 이 "은혜의 미학"의 출판을 기쁘게 받아주시리라 믿습니다.

구청광 목사님은 이 "은혜의 미학"에서의 은혜의 간증 그대로 참으로 순수하시고, 소박하시고, 자신을 다 비우시고 내려놓으시고 이웃을 위하여 헌신하신 너무나 존경스러운 목사님이십니다. 구목사님은 진정으로 자신을 다 비우신 무소유의 삶을 평생 살으셨습니다. 평생토록 자신 명의의 집 한 채를 소유하시지 않으셨습니다. 청빈의 목회생활을 평생토록 해 오셨습니다. 오로지 창조주 하나님을 받들고 이웃을 위하여 사랑을 베푸시면서 은혜와 헌신으로 살아오신 목사님이십니다. 그렇게 청빈하게 무소유로 살아오셨음에도 불구하고, 목사님은 항상 부족함이 없이 넉넉히 채워주시는 창조주 하나님의 은혜에 참으로 감사하시다고 하시면서 살아오셨습니다. 너무나 본인을 낮추고 비우신 목회생활을 해 오셨습니다. 목사님을 만나게 된 분들은 하나같이 구목사님을 인정 많으시고 후덕하신 이웃집 아저씨, 이웃집 할아버지로 생각하게 됩니다. 참 좋으신 목사님이십니다. 무한히 존경하고 흠모합니다.

구목사님을 만나 신앙지도를 받은 것이 필자에게는 너무나 큰 은혜이었고 행복이었습니다. 목사님의 은혜의 신앙지도를 받아온 것이 어언 20여년이 되었습니다. 이렇게 목사님의 은혜의 삶을 이 "은혜의 미학"의 수필집으로 응축하여 출판할 수 있게 되어 너무나 감사합니다. "은혜의 미학"을 필자가 운영하는 "법과 성서와 역사 연구소"의 연구시리즈의 한 권으로 출판할 수 있게 된 것이 필자에게는 큰 은혜입니다. "은혜의 미학"에서 알려주신 창조주 하나님의 은혜가 모든 독자들의 삶에서도 임재하실 것을 소망합니다.

그리고 구청광 목사님은 섬기시던 목회를 은퇴하시고 창조문학을 통하여 문단에 문인으로 등단을 하셨습니다. 목사님의 등단의 글이 너무나 은혜스러운 내용이었기에 많은 독자들이 감동을 받으셨을 것으로 생각합니다. 독자 여러분들께서 이 "은혜의 미학"을 읽으심으로써 더욱 감격스러운 은혜를 체험하실 것을 마음으로부터 기도드립니다.

창조주 하나님은 이 세상을 창조하시고, 또 인간을 창조하시고, 창조주 하나님께서 우리들과 늘 함께 계실 것을 약속하시고, 그 약속의 징표로 은혜로 우리에게 임재하심을 믿습니다. 창조주 하나님과 함께, 그의 은혜를 체험하면서 살아가는 것이 진정으로 삶다운 삶이라 생각합니다. 그러한 은혜의 삶을 살아가는데 구목사님의 "은혜의 미학"이 길잡이가 될 것을 확신합니다.

이 귀한 구 목사님의 은혜의 미학을 출판함에 창조주 하나님과 구청광 목사님께 무한 감사를 드립니다.

법과 성서와 역사 연구소 소장

김상용(金相容)

(대한민국학술원 회원, 연세대학교 명예교수)

〔저자약력〕

구청광

총신대학교 신학원 졸업
연세대학교 교육대학원 수료
서울 연가교회 원로목사
1996년 평북노회장 역임
2016년 창조문학 수필 등단
(이메일 joyku@daum.net)

은혜의 미학

초판 1쇄 인쇄 2019년 1월 21일
초판 1쇄 발행 2019년 1월 25일

저 자 구청광
발행인 현근택
발행처 화산미디어
주 소 경기도 고양시 덕양구 행신동 1088 서정마을 501-301
신 고 2009년 2월 16일/제395-2009-000012호
전 화 031-973-6929
팩 스 031-972-6930
블로그 blog.daum.net/kthyun1
홈페이지 www.hwasanm.com

정 가 10,000원
ISBN 979-11-5977-036-4 (93230)